利潤か人間か

グローバル化の実態と新しい社会運動

北沢洋子

コモンズ

ANTI GLOBALISM

もくじ●利潤か人間か

装幀・林佳恵

プロローグ

新しい社会運動の登場

サンバの扮装で警察隊の前に出るデモ隊参加者。2000 年 9 月、IMF・世銀総会にて
(写真提供・A SEED Europe)

1 「反グローバリズム」の大きなデモ

一九九九年一一月三〇日、アメリカ合衆国（以下アメリカという）シアトルで開かれたWTO（世界貿易機関、第3章参照）第三回閣僚会議以来、北米やヨーロッパでは、「反グローバリズム」という妖怪が暴れまわっている。それは、サミット級の国際会議が開かれる都市で、必ずといっていいほど起こる激しい抗議デモである。

この妖怪は、かつての共産主義のような特定の政治イデオロギーではない。また、左翼政党が組織したものでもないし、カリスマ的な指導者もいない。皮肉なことに、インターネットというグローバリゼーションの武器をフルに活用し、数万人単位の抗議デモを組織する。

このデモは、次の三つを標的にしている。第一に、WTO、IMF（国際通貨基金）・世界銀行（以下、世銀。第2章参照）など、グローバリゼーションを推進する国際機関、第二に、これら国際機関を支配しているG7（Group of Seven）(1) 各国首脳たち、第三に、グローバリゼーションの真の受益者である多国籍企業だ。

こうした新しい社会運動のさきがけとなったのは、九八年に始まった、貧しい国の債務帳消しを要求する「ジュビリー2000」（詳しくは第6章参照）の国際キャンペーンである。その

(1) 「先進主要七カ国首脳会議」の略。アメリカ、日本、イギリス、ドイツ、フランス、イタリア、カナダの七カ国が国際政治・経済問題を協議する場。冷戦終結後、一九九七年よりロシアが参加し、G8となる。ただし、ロシア自身が経済援助を必要とする状況にあり、ここでは世界経済の動向に影響力をもつという意味でG7とした。

戦略は、G7サミットに向けて国際的に大量の署名を集め、あわせて大人数のデモによって帳消しを迫るものである。これは非常に有効で、たとえば九九年六月のケルン・サミット（ドイツ）では、会場を三万五〇〇〇人が人間の鎖で囲み[2]、首脳たちから七〇〇億ドルという巨額の帳消しの公約をもぎ取った。

この戦略が、シアトルのWTO閣僚会議で新ラウンド（第3章参照）に反対する七万人のデモに受け継がれていく。ただし、ジュビリーがあくまでG7と「交渉しようとする」、言い換えれば交渉相手としてG7サミットの存在を認めているのに対して、シアトルのデモは、閣僚会議を「開かせない」、つまりWTOそのものに反対という点が、根本的に異なっている。

シアトルのデモは、どのように組織されたのだろうか。

九九年五月、市民活動家ラルフ・ネーダーを代表とする消費者団体パブリック・シチズン[3]が、インターネット上で「WTOの新ラウンドに反対し、シアトルに結集しよう」と呼びかけた。これに対して、わずか三カ月間に、六五カ国、六〇〇の団体とネットワークが賛同した。

ついで、直接行動ネットワーク（DAN）[4]が、WTO閣僚会議を「開かせない」ために、同じくインターネットを通じて、直接行動を呼びかけた。この直接行動によって閣僚会議の開会式は半日遅れ、これが引き金となって会議は流産したのである。

このシアトルの勝利以降、インターネットをフルに活用して、数万人、ときには数十万人規模のデモを組織するという、反グローバリゼーション派の戦略が確立した。従来のNGOや、そのネットワークは、環境・人権・債務といった個別課題に限定して活動してきた。しかし、

（2）会議場や基地などを人間が手をつないで囲み、抗議の意思や提言をアピールする手法。

（3）Public Citizen. 一九七一年に設立された消費者運動団体。ワシントンDC、カリフォルニア州、テキサス州に事務所を置き、安全で環境を汚さないエネルギー・システム、公正な貿易システムの構築、政府の透明性とアカウンタビリティーの推進などのテーマで活動を続けている。http://www.citizen.org/

（4）Direct Action Network. シアトルのWTO閣僚会議を阻止するために始まった運動。その後「WTO以後」を視野に入れて、より素早く、より多くの人びとが参加する非暴力直接行動を展開するために、全米で組織化を進めている。

シアトル以降は、ネオリベラル(5)な市場経済によるグローバリゼーション、人間より企業の利潤を優先させる市場経済への抗議に収斂していく。

この反グローバリゼーションのデモは、参加者の構成、デモの目的、手段など実に多様である。たとえば、シアトルでは、アメリカ最大の労組AFL-CIO(6)、農業団体、環境NGO、消費者団体、女性団体、途上国との連帯運動グループ、さらには途上国のNGOや農民運動などが、それぞれ異なった要求を掲げて、ダウンタウンで祭りのようなデモを繰り広げた。その一方で、DANのメンバーは、早朝に会議場前でピケを張って政府代表の入場を阻止。夕刻にはアナーキストたちが、「グローバリゼーションの象徴である」としてマクドナルドやスターバックス・コーヒーの店を襲撃した。

こうしたデモの呼びかけは、「コンバージェンス(convergence、収斂)」と呼ばれる組織によって行われる。それは、参加団体が実行委員会をつくるといったようなフォーマルな組織ではない。「多国籍企業の利益のみを優先する市場経済によるグローバリゼーションに反対する」ことに合意する団体、グループ、コミュニティ、個人の、緩やかな連絡会議である。したがって、代表者も規約もない。

(5) 一九八〇年代のイギリス・サッチャー政権、アメリカ・レーガン政権以降顕著になった、国家の役割を最小限にし、資本の活動に最大限の自由を与える動き(たとえば、規制緩和による公的なサービスの民営化など)と、そのバックボーンとなっている考え方を指す。

(6) アメリカ労働総同盟産業別組合会議。組合員一三〇〇万人、六六の労働組合を擁するアメリカ最大の労働組合のナショナル・センター。一九五五年、アメリカ労働連合(AFL)と産業組織会議(CIO)の合併によって設立された。二〇〇三年二月現在の会長はジョン・スウィーニー。http://www.afl-cio.org

2 ヨーロッパの反グローバリゼーションの熱い波

日本ではしばしば、日本とアメリカだけが世界だと考えられている。とくに九・一一のような大事件[7]が起きると、アメリカイコール世界であるという錯覚に陥る。同時に、ブッシュ大統領の支持率が九〇％近くまで上がり、あたかもすべてのアメリカ人が愛国者となって、毎日星条旗を振っているかのような映像を見ると、その二年前にシアトルでグローバリゼーションに「ノー」と言ってデモをした人びとはどこへ行ったのだろうかと、憂鬱になる。

そんな心理状態で私は二〇〇一年一二月初め、フランスのリール市で開かれた「世界市民会議」に参加した。開催を呼びかけたのは、パリに本拠を置く、人類の進歩のためのシャルル・レオポルド・メイヤー財団が結成した市民団体「団結した、複数の、責任ある世界をつくる同盟」(Alliance for a United, Plural, and Responsible World) である。一二五カ国からNGO、労組、農民団体、女性組織、企業、文化人、芸術家、ジャーナリストなど各階層の代表四〇〇人が集まった。社会経済、ガバナンス、環境、文化／宗教の四部門で、一〇日間にわたって議論した。

会議の議論は興味深かったが、私にとっては、その前後に会議場外で起きていたできごとの

(7) 二〇〇一年九月一一日、アメリカ・ニューヨークの世界貿易センタービル二棟をはじめ、国防総省（ペンタゴン）などに、同時多発的にハイジャックされた飛行機が乗客を乗せたまま突っ込み、多くの死傷者を出した事件。世界貿易センタービル崩壊の映像は、リアルタイムで世界に伝えられた。アメリカ政府はオサマ・ビン・ラディン率いるイスラム原理主義組織アル・カイダによる犯行とみなし、ビン・ラディンが潜伏しているとして、翌一〇月からアフガニスタン空爆を開始した。

ほうがより刺激的であった。私の印象では、ヨーロッパとアメリカとの間には、九・一一事件の受取り方について、かなり温度差があるようだ。

ヨーロッパの市民社会は、相変わらず熱い波の中にあった。イタリアのジェノバで行われたG8サミット（二〇〇一年七月）のときに起こった三〇万人の抗議デモ（第5章参照）は過去のものではなく、その後も連続し、広がりと深まりを見せている。これは、私にとって驚きであり、喜びであった。

会議直前の一一月末には、ベルギーのブリュッセルで、EU諸国の教育相による「教育サミット」が開かれた。日本と同じく、教育への競争原理の導入がおもな狙いである。これに対して、ヨーロッパ中の学生たちは、WTOのサービスの貿易に関する一般協定（GATS、第3章参照）にもとづいた「教育の民営化への第一歩である」として一斉に反対の声をあげていく。一一月二九日にベルギーのゲント大学で学生たちが大学を占拠し、スペインのマドリッドでは一二月二日、一〇万人の学生たちが抗議デモをした。これらは、ほんの一部の動きにすぎない。

会議直後の一二月一四・一五日には、ブリュッセル郊外のレーケン宮殿で、定例のEU首脳会議が開催された。その前日、市内は八万人のデモで埋め尽くされた。デモを呼びかけたのは、一五カ国の六〇〇〇万人が加盟する「ヨーロッパ労働組合連合」だ。なかでも、サベナ航空の倒産など深刻な経済不況下にあるベルギーの労組がデモの中心だった。

労働組合は、ヨーロッパ統合（EU）に反対しているのではない。彼らは、ユーロ共通通貨の発行（二〇〇二年一月）に象徴されるような、市場経済の統合が先行して、福祉や雇用など社会政策がなおざりになっている状況に抗議しているのだ。「より社会的なヨーロッパを！」「社会政策の策定に労働者の参加を！」「失業をなくせ！」といったスローガンが多かったという。EUの議長国であるベルギーの首相に対して「要求宣言」を手渡した後、デモは平和裡に終わった。

首脳会議初日には、反グローバリゼーション派の二万五〇〇〇人がデモをした。呼びかけたのは、この日に向けて一〇〇団体が集まったD14実行委員会(8)とヨーロッパ最大の社会運動団体ATTAC《アタック》(9)（市民を支援するために金融取引きへの課税を求めるアソシエーション）だ。

デモはやはり平和裡に始まり、〝小さな城〟という異名をもつ亡命者収容センターから、〝大きな城〟と呼ばれるレーケン宮殿をめざした。マスコミは、アナーキストが銀行や警察署に投石して起きた混乱のみを報道したが、これらアナーキストの数は一〇〇人足らずにすぎない。デモのスローガンは前日の労組とは異なり、「もう一つの世界のためのもう一つのヨーロッパを！」といった、EUそのものに反対する内容が多かった。彼らは、「EUの政策は資本主義、自由貿易、アメリカの経済モデルを進めるものだ」と、口々に叫んでいた。

（8）D14とは一二月（December）一四日のこと。欧米では、デモや集会などの行動の日を名称にする習慣がある。

（9）Association pour la Taxation des Transactions Financières pour l'Aide aux Citoyens. 一九九八年にフランスで設立された反グローバリゼーションの国際組織。途上国の公的債務の帳消し、トービン税の導入などを提起し、「世界は売り物ではない」をスローガンに、新自由主義のもたらすさまざまな問題を追及している。代表は月刊誌『ル・モンド・ディプロマティーク』編集長のベルナール・カッセン。http://attac.org/

3 人びとはなぜグローバリゼーションに反対するのか

一九八〇年代初め、アメリカのレーガン大統領とイギリスのサッチャー首相は、ネオリベラリズム（新自由主義）と呼ばれる経済政策を提唱した。この政策は、「すべてを市場に任せる」ということに尽きる。市場は自由競争の世界である。強い者が勝ち、弱い者は淘汰される。すべては効率性によって測られる。

その結果、第二次大戦後、半世紀にわたって労働者や市民たちの運動によって先進国で築き上げてきたさまざまな社会保障や環境保護制度は縮小され、人権は軽視されていった。教育・保健・福祉関連予算が削られ、社会的弱者は置き去りにされていく。失業者が増大し、失業の長期化や若者の失業が増えた。一方で進んだのが、自由化、規制緩和、民営化だ。国家の役割は後退し、企業が巨大化した。

途上国では、この経済政策はより劇的に進められた。とくに、第6章で詳しく述べるように、八〇年代に途上国を襲った債務危機を契機に、ＩＭＦ・世銀による構造調整政策として推進されたのである。

こうしたなかで、反グローバリゼーションの運動は突如、九九年一一月にシアトルで始まったわけではない。ヨーロッパでは、すでに八〇年代から、教育の有料化に反対する高校生を含めた学生の大規模なストやデモ、国営企業の民営化に反対する労働者のストが、各地で起こっていた。

冷戦終結後の九〇年代に入ると、市場経済が一層グローバル化する。旧ソ連と東欧で社会主義が崩壊し、市場経済に移行した結果、社会保障制度が消滅し、人びとが市場経済の荒波に飲み込まれていくのを、世界は目の当たりにした。そして、シアトル以後、ヨーロッパのストやデモの矛先は、明確にネオリベラルな、言い換えれば市場経済によるグローバリゼーションに向けられていく。

人びとは、情報技術の急速な発達により、世界中の情報、とくに途上国や旧社会主義国で起きている事態についての情報を容易に手に入れられるようになった。アフリカをはじめ途上国の貧困や飢えに苦しむ人びとや難民の実態が、テレビの映像を通してリアルタイムで先進国に送られていく。これを見た欧米の人びとは、途上国で起きている事態と、自分たちに向けられているものが、同じ根源から発していると感じとった。それはネオリベラリズムであり、それを推進しているのがＷＴＯ、ＩＭＦ、世銀、そして、それらを支配するＧ７の政府であることに気がついたのだ。こうして、シアトルで反グローバリゼーション運動が始まった。

日本に住んでいる私は、グローバリゼーションの恩恵を受ける側にいる。スーパーに行けば、世界中の食べ物が買える。インターネットで世界中の情報をほとんどタダで手に入れられる。飛行機代が安くなったから、世界中どこへでも出かけられる（ただし、私にはお金がそんなにはないので、これは可能性でしかない)。

しかし、こうしたことができるのは、世界人口六〇億人のほんのひと握りにすぎない。四分の三以上の人びとは、グローバリゼーションの恩恵を受けていないばかりか、反対にその犠牲になっている。それは、決して途上国の人びとばかりではない。日本でも、失業した人、路上に住む人、オーバーステイの外国人労働者などは、途上国の人びとと同様に、グローバリゼーションの犠牲者だ。

本書は、八〇年代のレーガン=サッチャーのネオリベラリズムから始まり、九〇年代に加速したグローバリゼーションの犠牲者たちの視点で、今日グローバリゼーションと闘う人びとが何をめざしているのかを明らかにしようとする試みである。

第1章　格差を増大するグローバリゼーション

オランダ・アムステルダム市内のマクドナルド店舗前でボイコットを訴える市民団体のメンバー（写真提供・A SEED Europe）

1 国家予算をしのぐ多国籍企業の収益

人びとは、グローバリゼーションのすべてに反対しているのではない。グローバリゼーションがもたらす格差の増大に怒っている。

では、その格差はどのようなところに見られるのか。

グローバリゼーションの特徴のひとつは、国境を越えて活動する多国籍企業のすさまじい肥大化だ。いまや、コカコーラ、ナイキ、ソニーなどのブランド名を知らない者はいない。牛を神と崇めるインドのニューデリーでも、グルメの街パリでも、社会主義国・中国の北京でも、マクドナルド・ハンバーガーのトレードマーク、赤地に黄色い文字で書かれた〝M〟の看板が目に入ってくる。

多国籍企業の肥大化は、驚くべきものがある。たとえば、アメリカの政策研究所（IPS）[1]が二〇〇〇年に発表した『トップ二〇〇企業のグローバル権力の台頭』を見てみよう。国家と企業の収入（国家はGDP、企業は年間売上げで計算）上位一〇〇位のランキングには、国家は四九カ国しか含まれず、多国籍企業が五一社も入っている[2]（表1）。

企業のなかでトップにランクされたのはゼネラル・モーターズで、二三位だ。以下、ウオル

（1） Institute for Policy Studies. ワシントンDCに本拠を置き、一九六三年から社会運動のためのシンクタンクとして活動を続けてきた調査研究機関。六〇年代の公民権運動、ベトナム反戦運動に始まり、女性運動、環境保護運動、反アパルトヘイト、公正な貿易を求める運動など幅広い分野で活動している。http://www.ips-dc.org/overview.htm

（2） Sarah Anderson and John Cavanagh, *Top 200 : The Rise of Corporate Global Power*, Institute for Policy Studies, 2000.（1）のサイトを参照。

表1　GDP、年間売上げトップ100の国・企業(1999年)

	国／企業	GDP／年間売上げ(100万ドル)		国／企業	GDP／年間売上げ(100万ドル)
1	アメリカ	8,708,870	51	コロンビア	88,596
2	日本	4,395,083	52	**アクサ生命**	87,646
3	ドイツ	2,081,202	53	**IBM**	87,548
4	フランス	1,410,262	54	シンガポール	84,945
5	イギリス	1,373,612	55	アイルランド	84,861
6	イタリア	1,149,958	56	**BPアモコ**	83,556
7	中国	1,149,814	57	**シティグループ**	82,005
8	ブラジル	760,345	58	**フォルクスワーゲン**	80,073
9	カナダ	612,049	59	**日本生命**	78,515
10	スペイン	562,245	60	フィリピン	75,350
11	メキシコ	474,951	61	**シーメンス**	75,337
12	インド	459,765	62	マレーシア	74,634
13	韓国	406,940	63	**アリアンツ保険**	74,178
14	オーストラリア	389,691	64	**日立製作所**	71,859
15	オランダ	384,766	65	チリ	71,092
16	ロシア	375,345	66	**松下電器**	65,556
17	アルゼンチン	281,942	67	**日商岩井**	65,393
18	スイス	260,299	68	**INGグループ**	62,492
19	ベルギー	245,706	69	**AT&T**	62,391
20	スウェーデン	226,388	70	**フィリップ　モリス**	61,751
21	オーストリア	208,949	71	**ソニー**	60,053
22	トルコ	188,374	72	パキスタン	59,880
23	**ゼネラル・モーターズ**	176,558	73	**ドイツ銀行**	58,585
24	デンマーク	174,363	74	**ボーイング**	57,993
25	**ウォルマート**	166,809	75	ペルー	57,318
26	**エクソンモービル**	163,881	76	チェコ	56,379
27	**フォード**	162,558	77	**第一生命保険**	55,105
28	**ダイムラークライスラー**	159,986	78	**本田技研工業**	54,774
29	ポーランド	154,146	79	**アッシクラツィオーニ・ジェネラーリ保険**	53,723
30	ノルウェー	145,449	80	**日産自動車**	53,680
31	インドネシア	140,964	81	ニュージーランド	53,622
32	南アフリカ共和国	131,127	82	**E. Onエネルギー**	52,228
33	サウジアラビア	128,892	83	**東芝**	51,635
34	フィンランド	126,130	84	**バンクオブアメリカ**	51,392
35	ギリシア	123,934	85	**フィアット**	51,332
36	タイ	123,887	86	**ネスレ**	49,694
37	**三井物産**	118,555	87	**SBCコミュニケーションズ**	49,489
38	**三菱商事**	117,766	88	**クレディ・スイス**	49,362
39	**トヨタ自動車**	115,671	89	ハンガリー	48,355
40	**ゼネラル・エレクトリック**	111,630	90	**ヒューレット・パッカード**	48,253
41	**伊藤忠商事**	109,069	91	**富士通**	47,196
42	ポルトガル	107,716	92	アルジェリア	47,015
43	**ロイヤル・ダッチ／シェル**	105,366	93	**メトロ**	46,664
44	ベネズエラ	103,918	94	**住友生命**	46,445
45	イラン	101,073	95	バングラデシュ	45,779
46	イスラエル	99,068	96	**東京電力**	45,728
47	**住友商事**	95,702	97	**クローガー**	45,352
48	**NTT**	93,592	98	**トタールフィナエルフ**	44,990
49	エジプト	92,413	99	**NEC**	44,828
50	**丸紅**	91,807	100	**ステート・ファーム保険**	44,637

(出典)　Sarah Anderson and John Cavanagh, *Top 200 : The Rise of Corporate Global Power*, Institute for Policy Studies, 2000.

マートが二五位、エクソンモービルが二六位、フォードが二七位、ダイムラークライスラーが二八位にランクされている。この三社の年間売上げ高はいずれも、ポーランド、ノルウェー、インドネシア、南アフリカ共和国、サウジアラビア、フィンランドなどのＧＤＰを超える。日本企業のトップは三井物産で三七位、以下、三菱商事、トヨタ自動車と続く。その年間売上げは、ポルトガルやベネズエラのＧＤＰを上回っている。

また、上位五社のそれぞれの年間売上げは、後発途上国（ＬＤＣｓ＝Least Developed Countries）四九カ国[3]のＧＤＰの合計額一五六〇億ドルより大きい。

2　多国籍企業がエイズ対策を阻む

こうした多国籍企業は、国際政治を動かしている。今日、国連がもっとも力を入れて取り組んでいるＨＩＶ／エイズ問題を例に考えてみよう。

先進国では、ＨＩＶ／エイズは死に至る病ではなくなったと言われる。発症を防ぐ二種類の治療薬を毎日服用すれば、働くこともできるし、普通の社会生活が送れるようになった。しかし、この治療薬の価格は高い。患者一人あたり年間一〇〇万円以上の費用がかかる。

（３）　発展途上国のなかでも一人あたりＧＤＰ額が低く、誕生時余命・摂取カロリー量・児童就学率・成人識字率などに示される社会開発の状況が悪く、経済構造が脆弱であるとして、国連によってリストアップされた国。リストは四年ごとに国連経済社会理事会によって見直しされる。

ＨＩＶ感染者の三分の二以上は、サハラ以南のアフリカに集中しており、その数は二八五〇万人（二〇〇一年の国連統計）にものぼる。アフリカのエイズ患者のほとんどは、一日一ドル以下の収入しかない。したがって、ＨＩＶに感染しても、治療を受けられない。感染すれば確実にエイズを発症し、死んでいく。ジンバブエでは三人に一人、ボツワナでは一〇人に四人、南アフリカ共和国では九人に一人がＨＩＶに感染しているという。しかも、感染者は、一五歳から四〇歳までの社会活動を担う年齢層に集中する。アフリカでは、ＨＩＶ／エイズは国の滅亡につながるのだ。

二〇〇一年三月、安いエイズ治療薬を輸入して感染者に無料配布しようとした南アフリカ共和国政府に対して、アメリカ、スイスなどの大手製薬会社三九社は輸入差止めを求める訴訟をプレトリア高等裁判所に起こした。この安い薬は、欧米で生産される高価な治療薬の「コピー薬」(4)である。インドなどで生産されており、高価な治療薬が年間一二〇〜一八〇万円かかるのに対して、わずか七万円程度ですむ。

訴訟を起こした製薬会社は、ＷＴＯの「貿易関連知的財産権（ＴＲＩＰｓ）協定」(5)を楯に、安いコピー薬の輸入を阻止しようとしたのである。しかし、「人命よりも利潤を追求している」とＨＩＶ／エイズ感染者団体やＮＧＯなどの批判を浴び、翌月には提訴を取り下げた（エイズ治療薬とＴＲＩＰｓの問題は国際的に議論を呼び、二〇〇二年一一月にカタールのドーハで開かれたＷＴＯ第四回閣僚会議では、途上国に対象を限定したうえで、エイズやマラリアなどの感染症についてＴＲＩＰｓ協定を緩和し、コピー薬の輸出を認めることを宣言に盛り込んだ）。

(4) 高価な薬と同じ成分で「特許をとっていない」ところから、「ジェネリック（商標登録されていない）薬」とも呼ばれる。

(5) Trade-Related Aspects of Intellectual Property Rights. 著作権、ブランド、特許など知的財産権を従来カバーしていた国際法の範囲を大きく超えて、未発表の情報、研究データなども対象となる。種子や微生物など生物資源の特許取得がこの協定によって可能になるため、アグリビジネスによる種子の占有、南の途上国原産の植物資源に対する多国籍医薬品企業による特許の取得なども危惧されている。

TRIPs協定には、難解な法律用語が駆使されている。起草したのは、ガット（第3章参照）加盟国の政府代表でもなく、ジュネーブのガット事務局の官僚でもない。アメリカやスイスの製薬会社が送り込んだ企業弁護士たちからなるロビイストであったと言われる。

多国籍企業のロビイストが国際機関を動かし、決議文や条約を起草しているケースは、TRIPs協定だけでは決してない。今日、巨大な多国籍企業は国家の役割を制限し、国際機関を牛耳り、世界経済を自らの利益に沿うように操っている。

3 グローバルなカジノ経済が人びとを脅かす

通常、モノやサービスのやり取りである実体経済には、貨幣が必要である。そのためには、たとえば日本の経済に見合った量の貨幣が流通していなければならない。しかし、実体経済の規模以上に貨幣が流通する場合がある。ここでは、二つの例をあげよう。

ひとつは、一九七〇年代の石油危機だ。(6) 当時、サウジアラビアやクウェートなどアラブの産油国に大量の石油代金が入り、アメリカ、ヨーロッパ、日本など先進国の金融機関に預金された。大量の〝オイルダラー〟が流入してきたのである。だが、銀行はそれぞれの国内に融資先

(6) 七三年と七九年の二度にわたり、OPEC（石油輸出国機構）が原油の大幅値上げを行った。それ以前は、多国籍企業七社が石油市場を牛耳っていた。

を見つけられなかった。なぜなら、それまで一バレルあたり一ドルといった安値で中東産の石油をジャブジャブと使って、高度成長を謳歌していた先進国では、石油価格が高騰したため、たちまち経済が停滞したからだ。

しかし、銀行はどうしても貸付け先を見つけねばならない。そこで、それまでリスクが大きくて貸すことができなかった途上国の政府に、担保もなく貸したのである。その意味で、これは「投機」であった。そして、これが八二年に途上国を襲った債務危機の原因になった(債務危機については第2章3参照)。

もうひとつの例は、八〇年代後半から九〇年代初頭にかけての日本のバブル経済だ。八五年の「プラザ合意」(7)以降、日本は円高になっていく。その発端は、日本が自動車、コンピュータ、ビデオ、産業ロボットなどのハイテク工業製品をアメリカやヨーロッパなどの先進国に大量に輸出して、巨額の貿易黒字をかき集めたことにある。これらの輸出依存度は高く、当時、自動車は五五%、ビデオは八〇%を輸出していた。プラザ合意は、日本製品の国際競争力を弱めるための、アメリカやヨーロッパからの報復措置だったのである。

円高は日本経済を直撃した。輸出依存度の高い産業は一挙に国際競争力を失い、海外に生産拠点を移動していく。日本経済の空洞化が始まった。

一方、六〇年代の高度成長期以来、肥大化した銀行、証券、保険などの金融業界は、空洞化した製造業には融資できなくなり、内外の不動産への投資に切り替える。そのとき、もっとも簡単に儲けられたのが、国内の株と土地であった。東京のような大都市では、「土地は限りあ

(7) 一九八五年九月、ニューヨーク・プラザホテルで開催されたG5(アメリカ、日本、イギリス、西ドイツ、フランス)蔵相会議での合意事項。米ドルに対して他の主要通貨の「秩序ある上昇が望ましい」こと、為替相場は対外不均衡調整のための役割を果たすこと、そのために五カ国が協力すること、が合意の眼目であった。

る資産だから、地価はどこまでも上がる」という〃土地神話〃が流布した。金融業界は大都市の土地を買い、地価をつり上げていく。そこで儲けた資金で株を買い、また儲ける。まさに、落語の「花見酒」(8)そっくりである。

しかし、これには限度がある。土地とは本来、建物を建て、それが利益を生み出してはじめて、価格がつくものだ。やがて、地価は上げ止まり、値下がりに転じた。株価も同様に、下がり始めていく。バブル経済の崩壊だ。バブル経済は、まさに巨大なカジノであった。

今日の世界経済は、この日本のバブル経済と同じく、実体経済が縮小して、カネ余りの状態にある。日本と違うのは、土地や株ではなく、より大きく、より手っ取り早く儲けられる対象に投機が行われている点だ。八〇年代後半以降、実際の貿易と投資に関連のない資本の移動が増大している。一日あたり二兆ドル（円に換算すると二の後にゼロが一四個）が、先物取引き(9)などのデリバティブ（金融派生商品）(10)、為替取引きなどを通じて、「世界のカジノ市場」を駆け巡っているのだ。これらは投資リスクを他者に転嫁し、少ない資金規模で大きな利益獲得の機会を得られるため、九〇年代末に利用額が急増した。

〃投機マネー〃の原資は、個人の預・貯金、年金の積み立て、各種保険の掛け金などである。これらの資金は生産部門に投資されずに、ハイリスク・ハイリターンの資金運用金融商品であるヘッジ・ファンド(11)や〃はげたか〃ファンド(12)になって投機市場に向けられている。二兆ドルというのは、日本の国家予算（一般会計約八〇兆円）の三倍程度である。ヘッジ・ファンドはデリバティブの高い利益率を利用し、限られた顧客を対象とするため、原則として情報開示をし

(8) 花見で酒を売ろうとした二人が、お金を双方でやり取りしながら、酒を飲み尽くしてしまい、売上げは得られなかったという落語。これをたとえとして、高度成長にうわついて、真の価値創造ではなく、見かけの成長率を上げることに熱中した日本経済を皮肉って、「花見酒の経済」とも言われた。

(9) 商品の価格の値動きを予測して売り買いすることで利益を求める取引き。

(10) 株式や債権、為替、金などの現物価格に依存してその価格が決定される金融商品。先物取引き、オプション取引き、スワップ取き引などを指す。

(11) 一九九八年に、代表格であったLTCM（ロングターム・キャピタル・マネジメント）社が破綻したこともあって、九九年のケルン・サミットでは、ヘッジファンドに

ない。市場に及ぼす影響力は大きく、九七年のアジア通貨危機を招いた元凶とされている。

　そして、世界貿易の年間総額に等しい金額が、投機を通じてわずか三日間で動いている。グローバリゼーションの推進者たちは、「資本の移動（決して投機とは言わない）が株式市場を通じて第三世界に投資をもたらす」と言う。しかし、世界の投資の九〇%が先進国間で行われていることについては、口をつぐんでいる。

　一方、この投機資本は、九七年のアジア通貨危機において、新興市場経済を一挙に破壊した。タイ、インドネシア、韓国など、急速な経済成長をとげて世銀が「アジアの奇跡」と賞賛した国ぐにが襲われたのである（第7章2参照）。金融危機はその後ロシアやブラジルにも飛び火した。さらに、現在ではトルコやアルゼンチンが、対外債務の支払いができなくなる債務不履行（デフォルト）に陥り、国家経済の破産に直面している。これらの国では深刻な経済・社会・政治危機が起こり、新たに大量の貧困層を生み出した。

　今日、世界人口の約五分の一にあたる一二億人が、一日一ドル以下の極貧の生活を送っている(13)。そのすべてをグローバリゼーションのせいにはできないだろう。しかし、グローバリゼーションが貧富の格差を増大させているのは、紛れもない事実である。

　六〇年には、世界人口の最貧困層二〇%と最富裕層二〇%の所得格差は一対三〇であった。それが、九〇年には一対六〇となり、二〇〇〇年には一対七八にまで広がっている(14)。世界のもっとも金持である二〇〇人の資産は、九四年から九八年のわずか四年間で、四〇〇億ドルから一兆ドルと二五倍にも増えた。世界一の富豪ビル・ゲイツ（マイクロソフト社会長）の資産は、

対して各国で法的規制措置をとることが合意された。ジョージ・ソロスは、世界を股にかけて巨額の資金を動かすヘッジファンド・マネージャーの一人である。

(12)　MBO（Management Buy Out）ファンドの俗称。既存の事業継続を前提として企業の経営権を買い取り、投資することでその企業の再生を図る。事業が行き詰まった企業を買いたたき、再生した後に高く売るところから、「はげたか」の異名をとる。

(13)　世界銀行『世界貧困報告』二〇〇〇年五月。

(14)　Christian Aic, "*Globalization Q and A*", 2000.

六億人の人口を抱える後発途上国四九カ国のGDPを合わせたものよりも大きい。これは、ほとんど〝犯罪〟だ！

グローバリゼーション反対のデモが、「利潤ではなく、人間だ」と叫んでいる背景には、このような世界大に広がる不正義・不平等がある。

第2章　影響力を強めてきたIMF・世銀

IMF・世銀、WTOを批判する垂れ幕を掲げるデモ隊参加者。2000年9月、IMF・世銀総会にて(写真提供・Peoples' Global Action)

1　新国際経済秩序の樹立宣言

■解決されない三つの課題

一九六〇年は、ヨーロッパによる植民地支配という世界秩序が崩れ始めた年である。この一年間にアフリカでは一七カ国が独立して国連に加盟し、「アフリカの年」と呼ばれた。

この年、国連は「植民地独立宣言」を採択する。この宣言によって、一九世紀以来、植民地支配を合法化してきた国際法が無効になった。同時に、国連創設以来の課題であった「国家間の安全保障」と並んで、新興独立国（国連用語では開発途上国）の開発問題が取り上げられる。国連総会では、「開発の一〇年」を決議。七〇年までの一〇年間で南北間格差の解消に取り組んでいくことになり、南の途上国の成長率は年平均五％に設定された。

一〇年間で、途上国は目標値を上回る年平均七％の成長率を記録する。しかし、それは南の貧困をなくすことにはつながらず、先進国のめざましい高度成長と相まって、南北間の格差は逆に広がった。途上国のおもな輸出品である一次産品（農・水産物、木材、鉱物など）が値下がりし、財政と貿易の赤字は拡大して対外債務が累積した結果、貧困層が増大していく。

六四年には、途上国のイニシアティブにより、南北格差の解消を目的とした国連貿易開発会議（UNCTAD）[1]が、スイスのジュネーブで開催された。会議には当時国連未加盟だった中国も参加し、激しい南北対決の場となる。途上国政府はグループを結成して共同で北と交渉し、グループへの参加国が七七カ国であったところから、「77グループ（G77）」と呼ばれた。今日では参加途上国数は約一三〇に増えたが、相変わらずG77と名乗っている。

第一回UNCTADでは、一次産品、政府開発援助（ODA）、対外債務が三大議題であった。その後、四年ごとに開催され、二〇〇〇年にはタイのバンコクで第一〇回会議が開かれた。だが、いまだに三大議題のいずれも解決を見ていない。

たとえば、一次産品問題では、石油輸出国機構という強いカルテルがある石油を除く九品目（コーヒー、ココア、砂糖、バナナ、綿花、天然ゴム、熱帯木材、ボーキサイト、錫《すず》）にそれぞれ共通基金を設けて、国際価格の安定を図ろうとした。しかし、共通基金についての合意が成立したのは七六年、設立協定が締結されたのは八九年である。この間、一三年という長い年月が費やされている。

ODAについては、七〇年の国連総会で「先進国がGNPの〇・七％をODAとして途上国に供与すること」が決議された。だが、冷戦終結とともに先進国は、途上国、とくに後述するようにアフリカに興味を失い、ODAを増やそうという努力は頓挫[2]。二〇〇〇年現在OECD加盟国の平均供与額は対GNP比〇・二二％にとどまり、アメリカに至ってはわずか〇・一％にすぎない。〇二年三月、メキシコのモンテレーで開かれた国連開発資金国際会議では、アメリカとEUが年間一二〇億ドルの新規ODAを公約した。これが実施されればODAは倍増す

（1）正式名称は、United Nations Conference on Trade and Developement である。

（2）第二次世界大戦直後から始まったアメリカとソ連の東西対立を、実際の戦争には至らない緊張状態から「冷たい戦争／冷戦」と呼ぶ。一九四七年、アメリカ大統領トルーマンは東西の境界にある国（トルコ、ギリシャ）への援助を宣言することで、ソ連の封じ込めを図り、これが冷戦の宣戦布告となった（トルーマン・ドクトリン）。これに対して東側も、援助によって勢力範囲を拡大しようとする。六〇年代に独立が相次いだアフリカには米ソの援助合戦が殺到したが、八〇年代に東西の緊張が緩み、冷戦が終結する過程で、援助額は激減していった。

るものの、〇・七％にはほど遠い（なお、対外債務の帳消しについては、第6章で詳述する）。

■資源を自国の手に――新国際経済秩序（NIEO）の樹立宣言

七四年にニューヨークで、国連資源特別総会が開催された。G77はそこで、「新国際経済秩序（NIEO）の樹立に関する宣言」と「行動計画」の草案を上程する。あわせて、アルジェリアやタンザニアなどがリーダーシップをとって起草した「国家間の経済権利義務憲章」も提案された。NIEOの樹立宣言は、以下の四点がおもな内容である。

①領土内での資源および経済活動に対する途上国の主権を確認する。
②途上国政府が多国籍企業を規制する権利を確認する。
③途上国の輸出品に対する公正な価格制度を確立する。
④植民地支配に対する賠償を支払う。

途上国がこのような大胆な南北問題解決の処方箋を提起することになった背景には、アラブ産油国の石油戦略があった。

産油国は七三年秋、原油価格を一挙に四倍に値上げした（石油危機）。同時に、巨大な石油会社七社(3)の手から自国の油田を奪い返し、外国資本の手から自国資源を取り戻す。五三年にイランの民族主義者モザデグ首相がイギリスのアングロ・イラン石油会社（現在はブリティッシュ・ペトロリアム＝BP）の国有化に失敗してから、二〇年の歳月が流れていた。石油国有化の成功は、宗主国からの独立後も依然として資源を外国資本の手に握られていたすべての途上

（3） かつて世界の石油市場を支配していた巨大石油企業、エクソン、ガルフ、テキサコ、モービル、ソーカル、ブリティッシュ・ペトリアム、ロイヤル・ダッチ／シェルを指す。これらは「石油メジャー」とも呼ばれ、七社であることから「セブン・シスターズ」の異名をとった。七三年の石油危機以来油田が産油国政府によって国有化されたが、依然として石油市場にその支配力をもっている。

国を勇気づけた。こうして国連で多数派となったＧ77は、先進国に採択を迫る。

先進国はＮＩＥＯに激しく反対した。とくに、アメリカは、ＮＩＥＯの中身のすべてが「自由競争の原理にもとづく市場経済を破壊するものだ」と非難する。一方、ソ連などの社会主義陣営は、ＮＩＥＯが西側資本主義の勢力を弱めることになるとして、途上国に味方した。

結局、ＮＩＥＯ樹立宣言は、異例なことだが、投票を行わないまま採択された。国連総会では賛成派が多数であったため、投票にかけることに先進国側が反対したからである。

先進国はそれ以来、一貫してＮＩＥＯを認めず、国連の文書にその文言を入れることに反対していく。経済権利義務憲章については、イギリスとアメリカが反対し、日本が棄権したため、死文書になってしまった。

2 国連が退場し、ＩＭＦ・世銀が登場

一九七四年は、国連を舞台に、途上国がＮＩＥＯをもって先進国に攻勢をかけた年であった。しかし、皮肉なことに、この年を境にして国連は急速に退潮していく。そして、「失われた一〇年」(4)と呼ばれる八〇年代に入る。

(4) 一九八二年のメキシコ債務危機を機に、おもにラテンアメリカ各国に対してＩＭＦが構造調整政策を導入。その結果、経済状況が一層低迷したことから、八〇年代を「失われた一〇年」と呼ぶ。

「失われた一〇年」に、国連に取って代わる国際機関として表舞台に登場したのが、IMF（国際通貨基金）と世界銀行（世銀）だ。IMF・世銀は、それぞれ設立当時は、第二次世界大戦後の先進国間の通貨の安定（IMF）、ヨーロッパの復興（世銀）を課題としていた。しかし、アメリカのドルが支配通貨となり、圧倒的な経済力を背景にマーシャル・プラン(5)によって戦後のヨーロッパを復興したため、当時は両者の出番はなかった。

では、国連が途上国の開発という国際政治の大きな課題を解決する機能を失い、IMF・世銀に取って代わられるようになったのは、なぜだろうか？　国連とIMF・世銀の違いを考えてみよう。

第一に、国連決議の採決方法は一国につき一票である。これは国際民主主義の原則だ。ただし、すべての民主主義と同様、合意に達するには長い時間がかかる。第二に、国連の決議は国際条約とは異なり、安全保障理事会を例外として、加盟国に拘束力をもたない。とくに、先進国は国連決議を実施しない。

一方IMF・世銀は、広い意味では国連ファミリーに入るものの、国連創設の一年前の一九四四年にアメリカとイギリスによって設立されたため、国連から独立した存在になっている。IMF・世銀の議決権は参加国の出資額によって決まる。アメリカ、日本、ドイツ、イギリス、フランスのG5のシェアが全体の四〇％を超える。通常、IMF・世銀合同の年次総会直前に、G5にイタリアとカナダを加えたG7蔵相・中央銀行総裁会議が開かれ、年次総会はそこで決まった内容を形式的に承諾する場にすぎない。

（5）一九四七年にアメリカの国務長官マーシャルによって発表された、ヨーロッパ戦後復興のための援助計画。四八年から五一年にかけて実施され、援助を受けた一六カ国は急速な経済復興をとげた。しかし、目的は東西冷戦のもとでのソ連封じ込めにあり、援助の受入れは、アメリカ陣営に属することを意味した。

3　救済融資と引換えに途上国へ介入するＩＭＦ

■債務危機はなぜ起きたか

一般に、途上国政府の債務は、①先進国の銀行融資による民間債務、②先進国のＯＤＡによる二国間公的債務、③ＩＭＦ・世銀の融資による多国間債務、の三つに分類される。

一九八二年、メキシコを手始めに、ブラジルやベネズエラなどのラテンアメリカ諸国、フィリピンやインドネシアなどの東南アジア諸国、さらにナイジェリア、ザンビア、アルジェリア、ザイール（現在のコンゴ民主共和国）などのアフリカ諸国に、債務危機が発生した。この場合は、主として①の民間債務の返済が不可能になった、事実上の国家破産である。これを機に前面に出て、債務危機に陥った国々へ介入を始めたのがＩＭＦだ。

通常、個人や会社は破産することが可能であり、破産法の適用によって救済への道が開かれる。だが、国家は破産できない。破産法にあたる国際法は存在しない。債務の返済が不可能になると、その国に対して世界中の銀行や企業が取引きを停止し、輸入代金さえ支払えなくなる。実質的には経済制裁の状態に置かれ、国を維持できなくなる。

ＩＭＦは、そうした債務危機に陥った国に対して救済融資を行う。だが、この融資には厳しい「条件（Conditionality）」が付いている。それが債務国を苦しめることになる。

では、途上国の債務危機はなぜ起きたのだろうか？

債務発生の遠因は、六〇年代に遡る。この時代、日本、アメリカ、ヨーロッパの先進国は急激な経済成長をとげた。工場の新設や設備の拡大、オフィスビルや産業インフラの建設が進み、そのための資金需要が急増する。それにともない、銀行などの金融機関も急成長した。

しかし、第1章で述べたように、石油危機の発生によって先進国の経済成長が止まり、資金需要は減少する。アラブの産油国に流れ込んだ大量のオイルダラーは、先進国の金融機関に預金された。だが、国内には貸付け先がない。そこで、新しい投資先を途上国に求めたのである。大手銀行は投資のリスクを分担するためにコンソーシアム（借款団）をつくり、一件あたりの融資額が一〇億ドル単位の大規模開発プロジェクトに貸し付けていく。貸付先は、途上国政府か途上国の国営企業であった。

一般に、銀行から融資を受けるときは担保が必要である。しかし、途上国政府に融資する場合、担保となるべきものはない。そこで、先進国の借款団は、途上国の豊富な天然資源や人口を担保にした。これは、債務危機が発生した国のリストを見れば明白である。メキシコとベネズエラは産油国であり、ブラジルとインドネシアは豊富な天然資源と人口をもつ。

だが、天然資源は、開発されて輸出されなければ、剰余価値を生まない。人口が多くても、雇用がなければ、GDPには反映されない。つまり、融資した開発プロジェクトが成功し、輸出と雇用が増えなければ、債務を返済できないのである。ところが、銀行から融資を受けた大規模開発プロジェクトの大部分は、道路・港湾・空港の整備、鉱山、発電所、プランテーションの開発事業といったインフラ部門であった。これらは、短期に利益を生む部門ではない。

一方で七〇年代後半に、途上国の貿易収支が悪化した。原油を除いて、途上国のおもな輸出品目である農産物や鉱産物の価格が急激に下がったためである。さらに、先進国の銀行融資は、ＯＤＡの場合とは異なり、返済期限が短い。七二年以降、変動相場制をＩＭＦが認知し、各国は変動相場制か固定相場制かを自由に選べるようになったが、実際には変動相場制が大勢を占め、途上国の対外債務の返済額は相場変動のあおりを直接受けた。(6)

そして、七〇年代末にカーター・アメリカ大統領が国内インフレ抑制のために高金利政策を打ち出した結果、世界的な高金利時代が訪れた。途上国政府の借金は高い利子のために返済不能に陥り、ついに債務危機に至ったのである。

債務危機発生後、アメリカではいくつかの銀行が倒産したが、ＩＭＦの介入によって、先進国の銀行の大部分は不良債権を自国の政府に肩代わりさせた。つまり、民間債務が政府間の公的債務にすりかえられたのである。先進国の納税者は、民間銀行の債務の肩代わりをさせられたわけだ。

その結果、途上国の二国間公的債務が増大した。その返済条件は民間債務に比べると緩やかではあるが、途上国政府は毎年、歳入のなかから返済していかねばならない。一方、巨額の銀行融資に協調融資する形で、世銀は途上国に対して開発融資を行った。これは、巨大ダムや高速道路の建設など大規模プロジェクトに集中。深刻な環境破壊をもたらすと同時に、多国間債

(6) 各国通貨の価値を固定せず、市場の動きを通じて決める。

務の増大をもたらした。

■矛盾は弱者にしわよせされる

債務危機に陥った国に対して、唯一「救済融資」を行うのがＩＭＦである。このＩＭＦの「融資」が保証になり、再び銀行や企業が取引きを開始する。一方、債務国政府はＩＭＦの条件を受け入れ、その条件の中身である構造調整プログラム（ＳＡＰ＝Structural Adjustment Program）を実施しなければならない。

構造調整プログラムの目的は、ＩＭＦが言うような「経済改革」ではない。債務国である途上国政府に債務の返済をさせることにある。

第一に、途上国政府は歳出を減らす。公務員の賃下げや解雇に始まり、初等教育、医療保健、上・下水道建設など民政予算の削減、食料品やガソリンなどへの補助金の廃止、交通や電気などの公共料金の値上げに至る、一連の緊縮政策がとられる。

第二に、途上国政府は債務返済用の外貨を得るために輸出を増大させる。この場合、もっとも手っ取り早いのが、一次産品の増産である。途上国は競ってコーヒー、ココア、砂糖、綿花、バナナ、熱帯雨林の木材などの輸出を増やすことに取り組んだ。その結果、自国用の食料生産に影響が出て、貧しい人びとの食料が不足するとともに、単一作物の集中的な栽培による環境破壊が起こった。

第三に、ＩＭＦは通貨の切下げを強制する。通常、通貨の切下げは、途上国の輸出を促進する。だが、実際には多くの貧しい国が一次産品の輸出をいっせいに増加させたため、生産過剰になって国際市場価格が急落していく。

たとえばコーヒーの価格は、九五〜九八年の三年間で二〇％も下落した。砂糖の場合はもっと急激で、八二年には輸出価格が一kgあたり七セント（当時のレートで一八円）にまで下がった。これは、先進国の女性たちのダイエット志向に加えて、コカ・コーラやペプシコーラなどの大口消費企業が、原材料をサトウキビからコーンシロップに切り替えた結果でもある。一方で、医薬品など途上国にとって必要な輸入品は値上がりした。

最後に、構造調整プログラムには規制緩和、貿易・外国投資・金融の自由化、国営産業と公共サービスの民営化が含まれている。そのため、結果として途上国の経済そのものに破壊的な影響を与える。

債務危機を機に、ＩＭＦが構造調整プログラムの名のもとに途上国への介入を開始すると、必ず起こる現象は物価暴動である。債務危機以前の七〇年代後半からＩＭＦが介入していたモロッコ、ヨルダン、エジプトなどでは、すでに起きていた。これは、ＩＭＦが緊急融資を行う条件に、政府による食料品などへの補助金の廃止が含まれていたためだ。たちまち物価が暴騰し、食べるものを買えなくなった民衆が暴動を起こしたのである。

こうした構造調整プログラムについて、ＮＧＯは二つの点でＩＭＦを批判してきた。

まず、一部のエリート層を除いて、途上国の大多数の人びとに不利益をもたらす。もっとも打撃を与えるのは、貧困層、なかでも女性や子ども、先住民など社会的弱者だ。これらの人びとは、構造調整プログラムのために福祉・教育・医療などの予算がカットされることによって、完全に切り捨てられた。次に、IMFは途上国各国のそれぞれ異なる条件を無視して、同じ処方箋を押し付けた。IMFのエコノミスト(そのほとんどが先進国出身である)が、GNPの成長率や貿易額といったマクロ経済指標のみを重視して、政府歳入の使途や貧困の実態などをまったく無視しているという批判もある。

構造調整プログラムが導入されてすでに二〇年を経ているにもかかわらず、フィリピンやインドネシアでは、国家予算の四〇%前後が債務支払いに充てられている。ニカラグアやホンジュラスのように五〇%を超えている例もある。

4 構造調整融資へシフトした世銀

■国際復興開発銀行と国際開発公社

世銀の本体は、一九四四年に設立が合意された国際復興開発銀行(IBRD)である。[7] IBRDは世銀債[8]を発行して、先進国の金融市場から開発融資の資金を調達する。この融資は利子は高いが、返済期間が一〇～二〇年と一般の金融機関よりも長い。

(7) 一九五六年に設立。南の国ぐにの民間企業に直接投融資を行うIFC(国際金融公社)、途上国向けの投資の保証などを行うMIGA(多数国間投資保証機関)、政府と外国投資家間の紛争調停を行うICSID(投資紛争解決国際センター)と、後述するIDAを加えて、世銀グループという。

(8) 証券会社や民間銀行などを通じて販売される金融商品。世銀に加盟する一八一カ国によって信用を裏付けされているとして、ムーディーズなど格付け会社からトリプルAを付与されている。

IBRDは、途上国の巨大ダム、火力発電所、複数の国を貫くハイウェイなど大規模インフラ建設プロジェクトに融資してきた。こうした巨大プロジェクトは途上国に多国籍企業が進出する際の地ならしの役目を果たしてきたが、大規模な環境破壊と多くの住民の強制移住をともなう。そのため、各地で地域住民による抵抗運動が起こっている。地球の友インターナショナル(9)(FOEI)や世界河川ネットワーク(10)(IRN)などの国際NGOは、世銀批判キャンペーンに加えて、世銀そのものに対しても活発なロビー活動を行ってきた。

このように、世銀は八〇年代の債務危機以前に、開発融資の名のもとに、途上国に介入を行っていた。これは、ケネディ政権の国防長官であったロバート・マクナマラ(11)が六八年に総裁に就任して以来のことである。途上国に大規模開発融資を行うのと並行して、世銀の規模も巨大化した。今日では六〇〇〇人のスタッフを抱え、年間二五〇億ドルの開発融資を行っている。

マクナマラ総裁の世銀拡張政策の狙いは、国連開発計画(UNDP)潰しにあった。UNDPは六五年に設立された、途上国の開発計画に資金と技術を提供する国連機関で、機能が世銀と競合するからである。世銀がおもに先進国出身エコノミストを雇用しているのに対して、UNDPは途上国出身のスタッフを多く抱えるとともに、社会学・人類学の専門家が多い。世銀と異なるのは無償援助を行うことだが、財源を主として加盟国の「自発的」拠出金に頼っているところに弱点がある。よい開発プロジェクトがあっても、資金がないために実行できない場合が多い。

また、世銀は六〇年、利子が高いIBRDの融資を受けられない貧困国向けに、「国際開発

(9) Friends of the Earth International. 一九七一年に、アメリカ、イギリス、スウェーデン、フランスの四団体が集まって設立。核エネルギーや捕鯨などの環境問題について、各国で六八のグループがメンバーとして活動している。http://www.foei.org/

(10) International Rivers Network. カリフォルニア州バークレイに本拠を置くNGO。一九八五年に設立され、環境・社会・経済に悪影響を与える世界各地の河川開発に対して、住民の側に立って闘っている。http://www.irn.org/index.html

(11) Robert S.McNamara. 一九一六年生まれ。フォード社で社長を務めたのち、ケネディ政権の国防長官となり、ベトナム戦争で米軍を指揮した。六八年から八一年まで世銀の総裁を務め、非民主的な世銀の政策を象徴する人物。

協会（ＩＤＡ）」を設立した。ＩＤＡは世銀の「第二の窓」と呼ばれ、無利子、返済期間四〇〜五〇年という長期のソフト・ローンを貧困国に供与する。その資金は、先進国政府の拠出金である。ＩＤＡは、〇・七五％の手数料をとってこれを貸し付ける。

ＩＤＡ融資が本格化したのは、マクナマラ総裁時代であった。彼はその政治力を発揮して、先進国政府から、三年を一単位とするＩＤＡ拠出金の公約を取り付けた。ＩＤＡ融資は、世銀が貧しい国を長期にわたってコントロールする手段のひとつである。

■モノカルチャーの推進と構造調整融資

ＵＮＣＴＡＤが六四年に設立されるとともに、途上国の植民地時代以来のモノカルチャー（単一換金作物の生産）経済からの脱却が論議されるようになった。そのきっかけとなったのは、第一回ＵＮＣＴＡＤ会議でキューバのチェ・ゲバラ工業相が行った有名な演説だ。ゲバラは、「キューバは砂糖のモノカルチャー経済から脱却すべきである」と語った。

ガーナのココア、セネガルの落花生、ウガンダの綿花、タンザニアのサイザル麻、ザンビアの銅といったように、アフリカではほとんどの国が単一換金作物の輸出に依存したモノカルチャー経済である。独立以来、これら一次産品の国際価格は値下がりし、先進国から輸入する工業製品は値上がりしてきた。モノカルチャー経済は、途上国が貧困から脱却できない要因のひとつである。

ところが、世銀はアフリカ諸国の政府に対して、モノカルチャー経済の効率性を説いた。そして、農業を大規模プランテーションに変え、より「効率よくする」ことを薦める。多くの政府はIDA融資を受けたいがために、このような世銀の市場経済礼賛の「指導」に従った。

八〇年代に入って、IMFが途上国の債務危機に対して救済融資を行い、構造調整プログラムの導入を行うと、世銀がその実施に向けて構造調整融資（SAL＝Structural Adjustment Lending）を行った。これは、開発プロジェクトへの融資という世銀の本業からかけ離れた、政治的な「政策融資」である。開発融資と違って、構造調整融資は長期的にも利益を生むことができない。むしろ、経済改革のためには、返済をともなわない贈与の形で供与すべきであった。構造調整融資はそのまま、返済できない債務になっていく。

世銀は九二年九月、「構造調整融資を世銀の融資総額の二〇％以下にとどめる」と総会の場でNGOに約束した。しかし、九七年のアジア通貨危機以後、タイ、インドネシア、韓国、ロシア、トルコ、ブラジル、アルゼンチンなどに対してIMFの巨額の「救済融資」が行われ、これに続いて世銀の構造調整融資も急増していく。結局、二〇％の上限を突破し、NGOとの約束は守られなかった。

■構造調整プログラムによって倍増した債務

構造調整プログラムの目的は、途上国政府に緊縮政策をとらせて経済を「改革」し、滞りなく債務を返済させることにあった。しかし、それだけにとどまらず、途上国（と、そこに住む人びと）を市場経済のグローバル化の荒波のなかに直接放り込む役割も果たした。IMFは救済融資、世銀は構造調整融資を供与するとき、貿易・外国投資・金融の自由化、各種の規制緩和、さらに国営企業と公共サービスの民営化を対象国政府に条件づけたからだ。

途上国が自由化と規制緩和をした場合、どうなるのだろうか？　貿易の自由化とは、輸入関税の引下げ（最終的には撤廃）である。途上国の市場に先進国の工業製品があふれ、弱体な現地産業は壊滅する。投資についても同様だ。途上国は投資を呼び込むために、多国籍企業の活動を制限するような環境規制や労働法を撤廃しなければならない。金融の自由化については、九七年のアジア通貨危機の例が示すとおり、短期の投機資金が自由に流入・流出し、結果的に経済を破壊する。

また、途上国には国営企業が多い。日本の明治時代初期と同様に、国内産業を育成するために国家資金が使われた結果である。ところが、ＩＭＦ・世銀は「国営企業は効率が悪い」という理由で、途上国政府に民営化を迫った。途上国で民営化が行われると、その企業を買い取るのは外国資本であり、多くの場合は買いたたかれる。

さらに、人びとの生活に直接の影響を与えているのは、最近になって世銀が打ち出した水道・教育・病院などの公共サービスの民営化政策だ。多国籍企業にとっては、これは絶好のビジネス・チャンスである。たとえば南アフリカ共和国の旧黒人居住区ソウェトでは、水道が民営化された結果、住民の三分の一に及ぶ貧困世帯が高い水道料を払えなくなって、二〇〇一年に供給を止められた。こうした公共サービスの民営化政策に対して、ＯＸＦＡＭ《オックスファム》インターナショナル[12]、国境なき医師団[13]（ＭＳＦ）などのＮＧＯや、アメリカのキリスト教会、労組などが反

(12)　イギリスを代表するＮＧＯのひとつ。ナチ占領下のギリシャで飢餓に陥った市民の救援のためにオックスフォード大学の卒業生有志が一九四二年に設立。難民や自然災害の救援活動、途上国の開発プロジェクト、開発教育などを行っている。http://www.oxfam.org/eng/

(13)　Medecins sans Frontieres. 紛争地域での医療活動に際して撤退を余儀なくされた赤十字社所属の医師たちが、当該国政府の許可がなくとも医療・救援活動が必要とされる場所で活動すべきとして、一九七一年にフランスで設立。現在では八〇カ国以上に活動拠点をもつ。貧困や内戦、自然災害などにより、医療設備が乏しいか、まったくなくなった地域に医療・保健の支援を行っている。http://www.msf.org/

対声明を出している。

構造調整プログラムが導入された結果、途上国では債務を返済し続けているにもかかわらず、債務総額が二倍近くにまで増えた。それは、膨れ上がった利子を支払うために、政府が新たに借金を重ねた結果である。債務危機が発生した八二年に、途上国の債務総額は九八〇〇億ドルであった。しかし、二〇年後の二〇〇二年には一兆七〇〇〇億ドルに達している。[14] しかも、この債務の内容をみると、先進国の市中銀行から借り入れた民間債務は激減し、先進国政府に対する二国間債務、あるいはＩＭＦ・世銀などの多国間債務の比率が増えた。

多国間債務の返済がとどこおると、ＯＤＡや銀行融資を受けられなくなる。つまり、構造調整プログラムにしばられた途上国政府は、増大する自国の貧困に対処できなくなるのである。

(14) World Bank, *"Global Development Finance 2002"* 2002.

5 新たな債務危機

■ＩＭＦ・世銀が引き起こしたアフリカ諸国の債務危機

一九九〇年代に入ると、アフリカ諸国に対するＯＤＡが三つの理由から急激に減少した。第一は、前述したように、ソ連の崩壊によって、西側政府は社会主義陣営に対抗してアフリカに援助合戦をする必要がなくなったからである。第二は、第一の要因にもつながるが、市場経済に移行した東欧という新しい援助先が出てきたからである。第三は、最貧国が集中しているアフリカには多国籍企業が投資をしないために、産業インフラ向けのODAを供与する必要がないからである。

経済のグローバリゼーションが進むなかで、アフリカはまったく忘れられた大陸になった。そして九〇年代に、サハラ以南のアフリカ諸国に債務危機が発生する。それは八二年に途上国全体を襲った債務危機に匹敵するものだったが、国際政治のテーマにのぼる問題とはならなかった。

このアフリカ諸国の債務危機は、巨額の累積債務によってもたらされたものではない。一次産品の国際価格の値下がり、ODAの減少、外国の投資ゼロというマイナスの環境に加えて、IMF・世銀の構造調整プログラム・融資の実施によって発生したのだ。

アフリカの債務は、決して巨額ではない。サハラ以南のアフリカ三六カ国全部の債務を合計しても、ブラジル一国のそれよりも少ない。アフリカ諸国の債務危機の特徴は、GNP、政府歳入、年間輸出総額などに対して債務返済額の比率が高いことである。たとえば、九九年のサハラ以南の三六カ国の債務返済額は、GNPの六・三%、年間輸出総額の二〇・〇%に達している。

八〇年代の債務危機は、先進国の民間銀行が途上国政府の大規模開発プロジェクトに過度に貸し付け、ついに債務不履行となった。IMF・世銀は、その処方箋として、途上国政府に対して「救済融資」をエサに構造調整プログラムを押し付けたのである。しかし、そもそもサハラ以南のアフリカ諸国に対しては、地下資源の豊富なザイール、ナイジェリア、ザンビアなどを除いては、民間銀行は融資を行っていない。つまり、アフリカ諸国に対する構造調整プログラムは、債務危機に対する「救済」融資ではなく、当初から「経済改革」を目的としたものであった。

しかし、この経済改革はアフリカでは完全に間違った政策であり、失敗した。先に述べたようなマイナスの経済環境を考慮することなく、通貨の切下げ・輸出の奨励・経済の自由化といったワンパターンの処方箋が無理に押し付けられたためである。

■飢餓や幼児死亡率の増大を生んだ経済自由化

一般的には、通貨が切り下げられれば、輸出品の競争力は高まる。しかし、アフリカ諸国のように、ほとんど生産コスト以下の安値で一次産品を輸出し、工業製品は全面的に輸入に依存している場合、通貨の切下げはむしろマイナスに作用する。実際、輸入品の高騰によってインフレが進んだ。政府は予防接種のためのワクチンすら確保できない状況になり、幼児死亡率がはね上がった。(15)

また、前述のように各国が競ってコーヒーやバナナなどの輸出を増大させた結果、作物がダブつき、国際市場価格は暴落する。その損失を補うために農民は作付けを増やし、その結果さらに価格の下落を招くという悪循環に陥っていく。木材を輸出するために熱帯雨林の大量伐採

(15) UNICEF, *"Annual Report 1998"*, 1998.

も行われ、環境破壊をもたらした。

さらに、貿易の自由化や国営企業の民営化が、貧しい人びとに大きな影響を与えていく。外国から安い輸入農産物が流入し、小農民が破産した。手厚い補助金を受けたEU産の安い牛肉が、干ばつに見舞われたサヘル地域（モーリタニアやマリなどサハラ砂漠南側の草原地帯）の牧畜農民を破産させ、飢餓に追い込んだケースもある。電力、鉱山、森林など国家の基幹産業や資源は、外国資本に安値で買い取られた。その結果、大量の労働者が解雇され、公共料金が高騰する。しかも、初等教育や基礎医療などの予算が削減され、いわゆる受益者負担となった。

農業と鉱山業以外に見るべき産業が発達していないアフリカでは、自国の製造業を保護・育成していくには、高い輸入関税を課すとともに、外国資本に対する厳しい規制が必要である。長期的な経済開発計画にもとづいて国内産業を発達させるためには、国営企業をまず育成しなければならない。ところが、構造調整プログラムによって市場経済原理が導入され、利潤追求型の多国籍企業のなすがままになった結果、政府の統治能力が低下し、国内紛争が頻発した。それが軍事費の増大を招き、財政赤字に拍車をかけたのである。

冷戦時代、東西の援助合戦によって〝援助漬け〟になっていたアフリカ諸国では、国家財政そのものがODAに大きく依存していた。冷戦後、ODAが激減して顕在化した財政赤字の体質を根本的に変えることなしに、このような緊縮政策を押し付けただけでは、問題は決して解決しない。

6 国連に取って代わろうとする世銀

本来、世銀は途上国に開発融資を行う国際機関であり、国連のような国際政治にかかわる組織ではない。ここでいう「開発」とは、文字どおり産業インフラストラクチャーの建設を意味する。途上国政府の政治や政策に介入する権限はない。実際、世銀はインドネシアやザイールの独裁政権に多額の開発融資を行ってきた。だが、ここまで見てきたように構造調整プログラム・融資は、途上国の開発を犠牲にしても債務の返済を優先させるという、いわば政治的な政策である。その途上国政府への押し付けは、明らかに世銀の権限を逸脱する行為だ。

しかも、世銀は一九九〇年代なかば以降、「開発」を拡大解釈し、開発融資の条件として「ガバナンス（統治）」という意味不明な言葉を持ち出してきた。たとえば、二〇〇〇年九月にチェコのプラハで開かれたIMF・世銀合同年次総会でガバナンスについてのシンポジウムを開催。そこで、世銀担当官はこう述べた。

「効率のよい開発融資を行うためには、途上国政府のグッド・ガバナンスが前提条件である」

途上国政府の反発を避けるために、「腐敗」を「ガバナンス」に置き換えているが、これは、つまり、世銀が「腐敗している」とみなした国へは融資しないということだ。開発融資の条件として「ガバナンス」を持ち出すことは、さらなる権限の逸脱である。

世銀は毎年、開発に関連するさまざまなテーマで『世界開発報告書』[16]を発行している。九七年のテーマは、「国家」であった。その第一次草案には、「国家を改造する」(Reforming the State) というタイトルがついており、こう書かれていたのだ。

「途上国政府は、開発、教育、保健など、できるかぎりの分野の機関を民営化すべきである。国家は警察と国防にその機能を限定すべきである」

それは、「市場は万能である」というネオリベラリズム「国家論」の典型と言うべきものである。同時にそれは、これまで政府が担ってきた民生分野への多国籍企業の参入を可能にする。言い換えれば、多国籍企業に大きなビジネス・チャンスを提供する。

世銀が世界各地で公聴会を開き、誇らしげにこの草案を提案すると、多くのNGOから激しい批判を浴びた。変わり身の早い世銀は、「変化する世界における国家」(State in a Changing World) というあいまいなタイトルに変え、内容も大幅に修正する。その結果、あからさまなネオリベラリズム色は薄められた。しかし、「ガバナンス」などという言葉でぼかしはしても、世銀が途上国政府の改造を意図しているのは間違いない。自らの権限をはるかに超えた、不法行為と言えよう。

(16) *World Development Report*. 世銀の政策を示すもっとも重要な文書である。

第3章　貿易の自由化を促進するWTO

1999年12月のWTO閣僚会議は未曾有の大デモによって流会となった（写真提供・日本子孫基金）

1　ガットからWTO設立まで

「自由貿易」は、強者の論理である。その最大の受益者はアメリカだ。途上国は貿易自由化の恩恵を受けられず、南北の格差が広がっている。これは誰が見ても明らかだ。そして、WTO（世界貿易機関、本部ジュネーブ）は貿易の自由化を促進する機関である。

WTOはIMF・世銀と並んで、ブレトンウッズ体制（1）の一員だ。しかし、その成立の歴史はIMF・世銀と異なる。

IMF・世銀は第2章で述べたように、アメリカとイギリスによって一九四四年に設立された。しかし、三〇年代に各国が保護主義に走ったことが第二次世界大戦へつながったという反省から、国際貿易のルールを決めようとした国際貿易機関（ITO）は、強大な生産力とドルをもって世界貿易を独占していたアメリカの反対で、設立されなかった。国際機関によって自由な競争が規制されることを恐れたアメリカ議会が、批准しなかったのである。

その代わりに、四七年のジュネーブの会議で、ガット（GATT＝General Agreement on Tariff and Trade, 関税および貿易に関する一般協定）が調印され、ジュネーブに小規模の事務局が置かれた。当時の調印国は二三カ国である。そして、貿易の自由・無差別を原則とし、国

（1）一九四四年、アメリカ・ニューハンプシャー州ブレトンウッズで第二次世界大戦後の国際金融の枠組みについて連合国側の会議が開かれ、IMFと世銀の設立が決められた。会議開催地の地名をとって、IMF・世銀に先導される戦後国際金融の体制をブレトンウッズ体制と呼ぶ。

家の主権として関税や課徴金は認めるが、輸入数量制限などを禁止した。

ガットは、加盟国による「ラウンド（多角的貿易交渉）」方式で進められてきた。「東京ラウンド」が関税の段階的引下げで一定の合意を見たのち、八六年にウルグアイのプンタデルエステで開かれた閣僚会議から「ウルグアイ・ラウンド」が始まる。その交渉項目は一五分野にわたり、九三年一二月に合意に達した。

ウルグアイ・ラウンドでは、アメリカは多国籍企業の意を受けて、今度は積極的にＷＴＯの設立へ向けて動く。そして九四年四月、ウルグアイ・ラウンドに参加した一二四カ国の閣僚がモロッコのマラケシュに集まってＷＴＯの設立が決まり、翌年一月に七六カ国・地域（ＥＵなど）が参加して発足した。そこでは、「モノ」の貿易だけではなく、新たに金融・情報・通信など「サービス」の貿易を対象とするＧＡＴＳ（General Agreement on Trade in Service, サービスの貿易に関する一般協定）が加わる。

ＷＴＯは、加盟国の関税など貿易障壁の撤廃と、市場の完全な開放を推進すると同時に、加盟国間の貿易にかかわる紛争を裁決する機関でもある。加盟国に対して拘束力をもつという点が、緩やかな合意にもとづくガットとは異なる。国連機関の一部であり、加盟国すべてのコンセンサス（合意）によって決定がなされることになっている。しかし、非民主的で先進国中心であるという本質は、ＩＭＦ・世銀と変わらない。貿易の自由化は、先進国、とくにアメリカの利益につながるものだからである。

ＷＴＯには、貿易に関する多くの議題について理事会と委員会が設けられた。それらを統括するのが、国連の総会に相当する閣僚会議だが、実質的な決定は本部があるジュネーブで開かれる一般理事会で行われる。しかし、ニューヨークで開かれる国連総会のように、全加盟国が本部に代表を派遣しているわけではない。一四五の加盟国・地域のなかで、予算がないために代表を派遣できない貧しい国が二九カ国にのぼっている（二〇〇三年一月現在）。また、貧しい国はたとえ代表を派遣できたとしても、多数の人員を常駐させられないから、同時に開かれる複数の会議をカバーできない。さらに、WTOには、議論に参加していない者は賛成とみなすという不文律がある。したがって、貧しい国の意見は恒常的に反映されない。

また、WTOのコンセンサス主義は一見、民主的のようだが、実際にものごとが決められる場は、事務局長が二〇〜二五カ国を招集して行う非公式会議である。アメリカ、日本、EUが常連で、その他の国がどのような資格で招集されるのかは、はっきりしない。加盟国全員が参加する一般理事会や委員会は、飾り物にすぎない。こうしたやり方は、事務局長室の壁の色から「グリーン・ルーム」方式と呼ばれ、九六年一二月にシンガポールで開かれた第一回閣僚会議で定着した（それはWTOの非民主性の象徴として、シアトル会議以前から非難されてきた）。

WTOの閣僚会議は二年ごとに開かれる。そして、あまり知られていないことだが、ここで採択された宣言や協定は、加盟国の政府だけでなく、企業と地方自治体に対しても拘束力をもつ。違反した場合は、パネルと呼ばれる仲裁機関によって罰則が課される。

シンガポールで開かれた第一回閣僚会議の時点で、すでに先進国と途上国の間の溝が明らかになっていた。アメリカとEUは、投資・競争政策・政府調達などの自由化を交渉の優先項目にするよう主張。これに対して途上国側は、先進国の市場開放、後発途上国に対する特別で異なった待遇（SDT＝Special and Differential Treatment）など、ウルグアイ・ラウンドで合意されたにもかかわらず、いまだに実施されていない項目を優先的に議論すること（略して「実施」問題と呼ばれる）を要求した。しかし、途上国間の意思統一がなく、結局それぞれ項目別の委員会をジュネーブに設立して、議論していくことになる。

また、緊急に解決すべき課題として、政策決定過程の不透明性がNGOから指摘されていた。それは、グリーン・ルーム方式のように、すべての加盟国ではなく、先進国プラス少数の途上国による非公式会合で政策が議論され、決定される点である。

2 シアトル――失敗への道

■ジュネーブのドタバタ劇

第一回閣僚会議後ジュネーブでは、次期WTO事務局長のポストをめぐって途上国とアメリカが対立する。途上国は、タイの副首相で商業相も兼務するスパチャイ・パニチャパック氏を候補に立て、EUなどの内諾も取り付けていた。しかし、スパチャイ氏が途上国の利益を代表すると考えたアメリカは、強引にニュージーランドのマイク・ムーア元首相を立候補させる。この人事をめぐる対立は解消せず、最終的に一九九九年九月〜二〇〇五年八月までの六年の任期を二分して、前半をムーア氏、後半をスパチャイ氏が務めるということで妥協が成立した。ムーア氏が就任したのは、第三回閣僚会議のわずか三カ月前、九九年九月である。

交渉項目についても、途上国と先進国は真っ向から対立した。途上国側は、ウルグアイ・ラウンドで合意した貿易とサービス協定の「実施」問題だけを交渉項目とすることを主張。先進国側は、新しい部門や項目を討議事項に加え、これらすべてを包括的に交渉する新ラウンド（当初は二〇〇〇年のスタートが予定されていたため、「ミレニアム（千年紀）・ラウンド」と呼ばれる）を開始するよう主張した。「実施」問題とは、先進国が公約しながら実施を引き延ばしてきた農業補助金の撤廃などを指す。また、新ラウンドの内容は、先進国に有利な投資、競争、政府調達の自由化といった問題の交渉である。

このような南北対立に加えて、この間、牛への成長ホルモン剤使用とバナナ貿易をめぐって、アメリカとEU間の貿易紛争が発生した(2)。また、もっとも緊密な同盟関係にある日本とアメリカの間でも、米の輸入の関税化や反ダンピング問題で対立が生じる(3)。反ダンピング問題については、途上国は日本側を支持した。

そして、九月二〇日から始まった非公式理事会で、事件が起きる。理事会の議長を務めていたタンザニアのアリ・ムチュモ大使が、加盟国政府から出された意見をまとめて、閣僚会議の宣言草案を起草することになっていた。ところが、期日の一〇月四日が来ても草案は出なかっ

(2) 一九七五年、EUはアフリカ、カリブなどの旧植民地諸国と、バナナなどの生産物を優先的に買い取るロメ協定を結んだ。中米に巨大なバナナ・プランテーションをもつアメリカのアグリビジネスチキータ・ブランドは、これを不服としてクリントン大統領（当時）に働きかける。そして、WTOの紛争解決機関（DSB）でEUを告訴して、勝訴した。一方アメリカとカナダは、EUが両国の成長ホルモン剤を使用した牛肉の輸入を禁止したとして、同じくDSBに訴える。その結果、九八年二月にEUに対して改善勧告が出されるが、EUは禁輸を続行。アメリカは一〇〇％の課税を行った。

(3) アメリカが、日本からの輸入品の価格が不当に安い（ダンピング）として、通商法四〇一条にもとづき高い関税を課したり、輸入規制を行った。

たのだ。

一〇月七日になって、議長から理事会のメンバーに送られてきた一二ページの薄っぺらな第一次草案を見て、途上国の大使たちの怒りが爆発した。途上国が理事会に提案した項目すべてが、草案から削除されていたからである。EUも日本も途上国側につき、「アメリカがシアトル会議をハイジャックした」と非難した。国際会議のルールでは、提案された項目はすべて草案に取り込まねばならない。そのうちコンセンサスが得られていない部分は、カッコで囲んで交渉を続けていくのがルールである。草案は議長に差し戻された。

一〇月一九日、ようやく議長の最終草案が作成された。だが、三二ページの草案のテキストには、合意に達していないことを示すカッコ付きの部分が二〇〇カ所もあった。これを実質三日間の閣僚会議の交渉に任せるのは、どう考えても不可能だ。

WTO内に流れた噂によると、ムチュモ大使が事前に草案をアメリカ代表に見せ、それをアメリカが徹底的に書き直したという。WTOの事務局が先進国寄りで、大使に協力しなかったこと、貧しいタンザニアには大使の下で働くスタッフを派遣する力がなかったことが、こうした悲劇が起こった理由だと言われている。

■シアトルの失敗と多国籍企業による支配

一一月三〇日～一二月四日、シアトルで開かれた第三回閣僚会議は、プロローグで紹介したような七万人の抗議デモと、途上国の抵抗によって、新ラウンドを開始できず、流会した。

ＷＴＯは、途上国に対して輸出志向型の経済成長政策を奨励している。後発途上国も成長をめざすなら、輸出を伸ばさねばならない。しかし、後発途上国が輸出するのは、農産物や鉱産物、繊維など安い労働力を武器にした軽工業製品である。先進国は本来、こうした輸出品の市場アクセスを保証しなければならない。

シアトル以前の二回にわたる閣僚会議では、「後発途上国向け包括的枠組み」が提案された。先進国に向けた輸出品の関税をゼロにする、技術援助基金に拠出するなどの内容である。しかし、先進国側の対応は鈍く、この時点まで進展は見られていなかった。シアトルでは、後発途上国の最大勢力であるアフリカ諸国が、ゼロ関税にも技術協力にも何ら進展が見られないうえに、審議過程から完全に締め出されたことへの抗議声明を出した。アフリカ諸国がこのように公然と行動したのは、ＷＴＯでは初めてである。

シアトル会議の失敗は、労組、環境団体、ＮＧＯなどのグローバルな市民社会の史上最大の抗議行動が大きな理由だった。しかし、それだけではない。ＷＴＯの内部矛盾によるものでもあった。

ＷＴＯは、自由貿易・民営化・規制緩和というネオリベラルな市場経済政策を推進する国際機関である。当然、先進国と途上国の利害が対立する。しかも、交渉項目が広がるとともに、利害関係も複雑化し、単純な南北対立の構図ではなくなった。この難解なパズルを解きながら、議事を進行させるには、議長のバーシェフスキー（アメリカの通商代表、ヒラリー・クリントンの友人）、ＥＵの貿易交渉代表のパスカル・ラミーともに、荷が重すぎたようだ。

シアトル会議を主催したのは、アメリカ政府だった。だが、会議の運営費用を負担したのは、九九年三月に設立された「WTOシアトル主催協会」（WTO-Seattle Hosting Association）である。マイクロソフト社のビル・ゲイツとボーイング社のフィル・コンディットが共同代表だ。資金を提供したアメリカの大企業は約四〇社にのぼり、プロクター&ギャンブル（洗剤・衛生用品）、ゼネラル・モーターズ（GM）、フォード、マイクロソフト、ゼロックス、ヒューレット・パッカード（コンピュータ）、ノースウエスト航空、ボーイングなどが含まれる。これらの企業は出資額に応じて、WTOのビジネス・プログラムに参入できるという。

出資企業はいずれも、アメリカ有数の多国籍企業である。彼らはカネも出すが、口も出す。会議場では、「NGO」として登録した企業のロビイストたちが走り回っていた。

このように、閣僚会議が多国籍企業の資金によってまかなわれていることは、あまり知られていない。これでは、先進国がWTOの目的としている「貿易を通じた貧困の根絶」は不可能だ。WTOが多国籍企業の代理人となっているという批判に対して、WTOシアトル主催協会のメディア広報担当者は、こううそぶいた。

「九八年にワシントンで開かれたNATO五〇周年首脳会議にも、一二社がそれぞれ二五万ドルを拠出した。また、九七年のデンバーのG8サミットも、同様に企業が会議の運営資金を提供した。WTOのシアトル会議は、こうした前例に従ったまでだ」

3 ドーハで何が決まったのか

■満たされない途上国の要求

シアトルの失敗に懲りたWTO事務局は、二〇〇一年一一月の第四回閣僚会議の開催地に、反対派が入国しにくいアラブ湾岸の首長国カタールのドーハを選んだ。だが、九・一一事件が起こり、にわかにアメリカ、イギリス、イスラエルなどの代表団の安全問題がクローズアップするという皮肉な事態になった。そこで、アメリカは「テロに屈しないためにドーハ会議を開催する」、あるいは「貿易自由化のために新ラウンドを開始すべきだ」という論理で、途上国政府を脅迫する。しかし、会議直前になっても、南北対立は解消しなかった。

ドーハでは、①実施、②農業、③TRIPs（貿易関連知的財産権）協定、④シンガポール項目、⑤反ダンピング、⑥環境の六つの審議部会が設けられた（①〜④については六〇〜六八ページに詳しく述べる）。それぞれに議長が任命されたが、そのプロセスは不透明であり、議長たちは「グリーン・ルーム」ならぬ「グリーン・メン」と呼ばれた。

閣僚宣言草案の実質審議に参加したグリーン・ルームのメンバー（計二三カ国・地域）は、次のとおりだ。先進国がアメリカ、カナダ、日本、オーストラリア、スイス、EU（一五カ国）、途上国がインド、カタール、シンガポール、パキスタン、香港、マレーシア、グアテマラ、ニカラグア、メキシコ、チリ、ブラジル、エジプト、ケニア、ザンビア、タンザニア、ボツワナ、南アフリカ共和国。

会議は、途上国、とくにインドの抵抗によって、会期をまる一日延長。その結果、閣僚宣言、TRIPs協定宣言、実施決議の三文書が採択された。ラミーEU貿易交渉代表は、これを「ドーハ開発アジェンダ」と呼んだが、その中身は途上国の開発を推進するものでは決してない。

途上国側は、農業補助金の段階的削減、農産物、繊維製品の市場開放、エイズ治療薬のTRIPs協定からの除外などについては、EUやアメリカから譲歩を得た。一一月一四日付けのロイター電は、「農産物や繊維製品の市場開放によって、途上国には年間約二〇〇〇億ドルの収入増が見込まれる」と報じた。だが、これは、EUやアメリカ政府の宣伝のための数字だ。紙の上の数字にすぎない。国際政治の場では、しばしば公約は「実施」されないのである。市場開放が実施されなければ、収入増の効果は測定できない。

一方、先進国側は、シンガポール項目については二年後の交渉開始という条件付きだが、「新ラウンド」という言葉を閣僚宣言に挿入することに成功した。

閣僚宣言の前文においては、グローバル化した経済における後発途上国の構造的な困難を認め、WTOがその解決に取り組むことが公約された。これは、ともかくも前進である（ただし、実施されるかどうかが問題だ）。一方、これまで途上国が強く要求していた、二〇〇一五年までに貧困を半分に減らすという「ミレニアム開発目標[4]」は、宣言文に盛り込まれなかった。

ミレニアム開発目標は、OECD（経済協力開発機構[5]）の開発援助委員会（DAC）で提案され、国連ミレニアム総会で採択され、IMF・世銀も合意した、国際社会の「公約」である。WTOの閣僚会議による拒否は、WTOが途上国の開発を視野に入れず、グローバリゼーションを推進する中心機関である実態を暴露したことにほかならない。開発目標を達成するための手段であるはずの貿易自由化が、WTOにおいては目的となっているのだ。

以下、審議部会が設けられたうちの四項目について、その背景と議論の要点を紹介しよう。

■ウルグアイ・ラウンド協定をどう実施していくのか

途上国にとっては、ウルグアイ・ラウンド協定の実施が大きな関心事項であり、繊維・縫製品協定やサービス協定など一〇四項目の実施を要求していた。そのなかには、ⓐ農業補助金の撤廃や途上国の輸出品の市場開放など先進国が約束していながら実施していないもの、ⓑサービス部門の自由化など途上国の能力不足で実施できないもの、ⓒ農産物の自由化や工業製品の市場開放など開発の妨げになるために実施できないものがある。

ⓒについては、途上国側がウルグアイ・ラウンド協定の実施が開発へ及ぼす否定的な影響を調査・評価し、協定を見直すことを要求してきた。だが、その多くはドーハ会議では解決されず、ジュネーブでの交渉に持ち越された。

（4）MDGs＝Millennium Development Goals. 貧困削減、保健・教育の改善、環境保護の達成目標として、二〇〇〇年に国連で採択された。二〇一五年までの目標値として、一日一ドル未満で暮らす人口比率・飢餓に苦しむ人口比率の半減、初等教育の完全普及、五歳以下の子どもの死亡率を三分の一に削減、妊産婦の死亡率を四分の一に削減、エイズやマラリアなどの疾病蔓延防止などを掲げる。

（5）経済成長と貿易拡大、途上国への援助の調整を目的として一九六一年九月に発足。現在の加盟国は二九カ国で、事務局はパリにある。先進国クラブと通称される。

①繊維・縫製品協定

実質的な議論が行われた数少ない項目である。ウルグアイ・ラウンド協定では、二〇〇五年までに先進国は輸入数量制限を撤廃することになっていたが、先進国はその実施をできるかぎりサボタージュしてきた。ドーハ会議では、最大の繊維製品輸出国インドと輸入国のアメリカが激しく対立する。アメリカは、繊維製品の市場開放には議会の承認が必要だが、それはとうてい望めないと主張。EU内では、国内に繊維産業を抱えるポルトガル、スペイン、イタリアと、WTOに多国間投資協定問題を持ち込むために繊維問題では譲歩しておくべきだとするEU内〝先進国〟の間で利害対立があり、未解決に終わった。

②サービス協定

対立点が比較的なかった項目である。ただし、途上国は、すでにサービスの貿易に関する一般協定（GATS）に入っている「サービス部門の自由化の影響について評価する」ことが、宣言文に盛り込まれなかったことに不満を表明した。途上国がこの協定による自由化で被害を受けている事実が無視されたからである。

サービス部門の自由化については、GATS協定第一九条にもとづいてすでに交渉が開始されている。各国は自由化する運輸・通信・金融などのサービス部門を特定し、〇二年三月までに自由化交渉を終えなければならない。GATSでは、公約した部分の変更は許されない。しかし、このような厳格なスケジュールでは、途上国が交渉をすることは不可能だ。

③工業製品に対する関税

途上国が輸出する工業製品に対して先進国がかける関税と、途上国が自国産業の保護のために先進国から輸入する工業製品にかける関税という、異なった次元の問題がある。ドーハ会議の結果、途上国側は、先進国から「関税外障壁の削減を勝ち取った」と喜んだ。だが、先進国側は、廃止すべきもののなかに「高い関税」という文言を挿入した。言うまでもなく、これは途上国側の関税を指す。つまり、途上国は、先進国の工業製品にかけている「高い関税」の撤廃をしなければならないのだ。それは、途上国の弱体な産業を壊滅させるおそれがある。

■補助金の段階的な削減などが決められた農業協定

農業協定に関しては二つの対立がある。一つは、貿易において、農産物を工業製品と同様に扱う、つまり農産物の完全自由化を要求する農産物輸出国グループ（ケアンズ・グループ[6]、オーストラリアやカナダなど）と、農業の多目的機能を重視するEU・日本・韓国などの対立だ。もう一つは、巨額の農業補助金を出して安い農産物を途上国に輸出しているEU・アメリカと途上国の対立だ。

ハービンソン一般理事会議長（香港代表）が提出した閣僚宣言草案は、比較的バランスがとれてはいたが、「トランプの家」のように脆い文書だという評価だった。草案に満足の意を表明したのはアメリカだったので、起草したのはアメリカではないかと疑われた。ケアンズ・グループには、カナダやオーストラリアなどの先進国だけでなく、アルゼンチンやブラジルなどの穀物輸出国をはじめ途上国も加わっている。したがって、単純な南北対立の構図ではない。

(6) 世界のおもな農産物輸出国一八カ国（世界の農産物輸出の三分の一を占める）からなる。参加国は、オーストラリア、ニュージーランド、フィジー、カナダ、グアテマラ、コスタリカ、アルゼンチン、ウルグアイ、コロンビア、チリ、パラグアイ、ブラジル、ボリビア、インドネシア、タイ、フィリピン、マレーシア、南アフリカ共和国。一九八六年にオーストラリアのケアンズで結成された。

草案に猛然と反対したのは、EU、とくにフランスとアイルランドだ。「農業補助金の段階的な削減」は、究極的には補助金の撤廃につながるとして、削除を求めた。だが、結局EUは、一日延長された会議の最後の瞬間に、この草案に妥協した。

閣僚宣言では、すべての農業補助金の段階的な削減と、すべての国内支援政策の廃止を決議した。前者によってEUが補助金を全廃することにはならないが、全廃に向けた圧力を強めていくことはできる。後者は、アメリカの輸出信用(7)や余剰農産物援助などを指す。今後、途上国市場へのダンピング輸出が抑制されるだろう。一方、EU・日本・韓国などの小農民にとっては、痛みをともなう結果となった。

農業人口は先進国では五〜一〇%にすぎないが、途上国では五〇〜八〇%にのぼる。先進国ではこの少ない農業人口に多額の補助金が支給されているが、途上国政府にはそうした補助金を出す財源がない。

そこで、途上国はドーハ会議に向けて、農業協定に「開発ボックス」と呼ばれる特別な項目の挿入を要求してきた。これは、途上国の食料安全保障と農村開発という目標を盛り込むものである。しかし、合意を得られず、代わりに、「特別で異なった待遇問題はWTO交渉の不可分の要素である」という文章が盛り込まれた。EU諸国がロメ協定にもとづいてとっている旧植民地諸国への関税の撤廃や引下げなどの優遇措置に対して、他の途上国が平等な扱いを求めるように提案していたことを受けたものである。これは、ウルグアイ・ラウンド協定が特別で異なった待遇問題を単なる「例外」措置にしていたことに比べると、かなりの前進といえる。

(7) アメリカ製品を途上国に輸出する際、政府系のアメリカ輸出銀行が相手国政府に供与するクレジット。

ところで農業協定には、日本も重視している「非貿易関心事項」と呼ばれる項目がある。たとえば、農村開発、環境保護、食料安全保障、食べ物の安全性などだ。EUは動物愛護団体の意を受けて、「動物の愛護」という文言をここに盛り込んだ。EUは、畜産業における動物への配慮がもっとも進んでいると自負している（当然、生産コストは高い）。その水準に世界の畜産業を高めることをめざしたのである。会議に参加したイギリスの動物愛護団体は、「WTOの決議は動物の愛護ばかりでなく、農民や消費者にとって安全で健康な食品が生産されることを保証するものである」と語った。

途上国にとっては、先進国に対する一次産品の輸出制限や輸入農産物の関税引下げ措置は、直ちに小農民の生活を脅かし、自国農業の破壊につながる。そして、農業問題と食料の安全保障や食料主権は切り離すことができない。食料安保とは「人びとが食料を手に入れて、かつ適切な栄養を摂取できる権利」であり、食料主権とは「土地、水、天然資源、作物の種子についての国家の主権」である。途上国は、自らのこうした権利を脅かすようなWTOの措置に反対しているが、これらについて閣僚宣言はまったく言及していない。

■貿易と知的財産権をめぐって

TRIPs（貿易関連知的財産権）協定については、生物は特許権の対象とするべきではないので対象からはずすべきだという途上国の要求と、アフリカ諸国のエイズ対策をめぐって明らかになった製薬会社の特許権という、二つの問題がある。閣僚宣言では第一七〜一九項に書き込まれ、さらに独立した宣言が出された。

生物の除外については、アジェンダ21[8]の「生物多様性条約[9]」や「バイオセーフティーに関するカルタヘナ議定書[10]」との整合性の確立、バイオパイレシー（伝統的なコミュニティがもつ薬草などに関する知識に多国籍企業が特許権をかける）の阻止など、途上国の要求は受け入れられなかった。

エイズ問題など公衆衛生との関係については、「加盟国が公共の健康を保護する政策を講ずることを阻むものではないし、また阻むべきではない」という文言がＴＲＩＰｓ協定宣言で採択された。これは、途上国側が得た数少ない勝利と言われた。しかし、この問題をめぐる議論の過程を詳細に見ると、草案では「Shall not prevent」（阻んではならない）となっていたのが、製薬会社の利益を代表するアメリカやスイスなどによって、宣言では「Should not prevent」（阻むべきではない）に代えられている。Shall not は法的な禁止用語だが、Should not は法廷で争う場合、法的な強制力がない。

また、ドーハ会議のＴＲＩＰｓ協定宣言は政治的文書であって、法的拘束力をもたないとする、アメリカやスイスのような解釈もある。

■途上国を押し切って閣僚宣言に盛り込まれたシンガポール項目

ＥＵや日本など先進国は九六年の第一回閣僚会議で、「投資、競争政策、政府調達の透明性、貿易円滑化」という四つの議題について、新たに多角的貿易交渉（新ラウンド）の開始を提案

（8）一九九二年、ブラジルのリオデジャネイロで開かれた国連環境開発会議（地球サミット）で、持続可能な開発を基本理念とする開発の基本原則を記した「リオ宣言」が出された。それを実現するために採択された行動計画。

（9）Convention on Biological Diversity. 生物多様性の保全のための包括的枠組みとして、地球サミットで一五七カ国が署名した。各国は自国の天然資源に主権的権利を有すると認められたことから、遺伝資源を利用するバイオテクノロジー産業にとって不利という理由で、アメリカは締結していない。

（10）Cartagena Protocol on Biosafety. 生物多様性条約にもとづき二〇〇〇年に採択された。遺伝子組み換え作物の移動・拡散による生態系破壊を防ぐため、国際取引を規制する。

した。これは「シンガポール項目」と呼ばれている。

投資は、OECD内で秘密裡に議論していた多国間投資協定（MAI＝Multilateral Agreement on Investment）にかかわる問題である。外国人投資家に国内投資家と同じ待遇を保証する、資本移動に関する規制の撤廃、地方政府が制定した環境保護条例が投資の自由を規制している場合には、企業がその自治体を訴えられるなどを内容とするこの協定は、市民社会の反対キャンペーンでいったんは廃案になったが、アメリカ・EU・日本などはWTOに持ち込んで成立をはかろうとしている。最大の目的は、外国資本による投資の妨げとなる国内規制の全面撤廃にある。

途上国は、弱体な国内産業を保護するため、さまざまな対外的規制を行っている。これを競争原理の導入によってなくそうとするのが、競争政策だ。政府調達の透明性は、政府の開発計画において国内産業の受注を優先させる制度や法律を撤廃し、外国企業の参入をしやすくしようとするものである。貿易円滑化は、途上国のさまざまな輸出振興策の廃止を意味する。

これに対して途上国は、ウルグアイ・ラウンド協定の改正、貿易自由化が開発に及ぼす影響についての評価など、先進国が自らの公約の「実施」を棚上げして、新しい事項で新ラウンドを開始し、より一層の貿易自由化をごり押ししようとするものだと、強く反発。第一回会議では、新ラウンド案は否決された。シアトルではこの問題をめぐって南北が対立し、閣僚会議そのものが決裂したのである。

ドーハ会議においても、新ラウンドは南北対立の最大の争点であった。新ラウンドにもっとも熱心だったのはＥＵで、それに日本とアメリカが同調する。ＥＵは投資と競争政策に力を入れ、アメリカは政府調達の透明性と貿易の円滑化に力点を置き、さらにアメリカとＥＵは貿易と環境、労働など新しい事項の追加を主張していた。そして、ハービンソン議長による閣僚宣言草案には、「二〇〇三年の第五回閣僚会議をもって新ラウンドを開始する」となっていた。第一回会議以来、新ラウンドに反対してきた途上国が今回も反対していたにもかかわらず、盛り込んだのである。一般理事会が、途上国九〇カ国の反対意見を無視した議長草案を閣僚会議に提出したのは、ＷＴＯのルールにすら違反している。

ＷＴＯ加盟国の三分の二を占める途上国は当然、新ラウンド開始の文言を閣僚宣言に入れることに反対した。だが、会議直前に、タイとフィリピンがＥＵ市場へのツナ缶の輸出規制の緩和と引換えに、新ラウンドに賛成したという情報もあった。一方、強く反対していたパキスタンとマレーシアは九・一一事件以来、腰砕けになり、代わってインドが最終日に猛然と反対する。そして、インドを筆頭とする途上国一二カ国の連合戦線が、シンガポール項目に関する交渉の開始は、「第五回閣僚会議までに加盟国が明白な（explicit）合意に達した場合」という前提条件を挿入した。つまり、二年間の「研究期間」というモラトリアムを獲得したのだ。

シンガポール項目を議論した作業部会の議長を務めたカタールのユーセフ・カマル蔵相は、最後の全体会議において、閣僚宣言のシンガポール項目に関する第二〇、二三、二六、二七条について、「交渉を開始する前に明白な合意が必要であると理解する」という特別声明を出した。これは、インドなどの不安を解消することを狙ったものだが、法的な根拠とはならないという解釈もある。また、WTOにおける「合意」がいかにいい加減であるかは、すでに明らかだ。いずれにせよ、新ラウンドについて閣僚宣言に盛り込んだことは、先進国側の勝利であった。その後、EUは新ラウンドを途上国の開発のための「開発ラウンド」と改名したが、実際にはそうした内容とは言えない。

4 ドーハの勝利者は誰か

■南北の痛み分け

以上、ドーハのWTO第四回閣僚会議の文書を検討して明らかなことは、南北ともに痛み分けになったということだ。

先進国側では、フランスが閣僚中もっとも力のある農業相を送り込み、農業補助金の撤廃に強硬に反対した。アメリカは、反ダンピング問題で通商法を死守しようとした。だが、両国とも全先進国のバックアップが得られずに孤立し、最終的には譲歩を迫られた。

一方、途上国側があらゆる議題について団結と攻勢を強めたことは、注目に値する。とくにアフリカを中心とした後発途上国の働きはめざましいものがあった。WTOの多数派を占める後発途上国グループは、WTO設立の法的根拠であるウルグアイ・ラウンド協定（貿易関連知的財産権、サービスの貿易に関する一般協定、特別で異なった待遇など）自体の改正を要求した。

果たして南北いずれが勝利したのかは、今後のジュネーブでの交渉にかかっている。しかし、これまでの例では、ブラジルやアルゼンチンなど力のある途上国が、農業など自分に関心のある交渉にのみ勢力を注ぎ、WTO全体の問題や後発途上国の課題を見過ごしてきた傾向がある。途上国は、協定の批准後にその意味するところが明らかになり、後悔するという、ウルグアイ・ラウンドで犯した過ちを繰り返す危険が大きい。

■貧しい国の援軍となったNGO

ドーハでは、WTOに登録されたNGOにしかビザが出なかった（WTOには約六〇〇のNGOが登録している。このうち純粋にNGOと呼べるのは約二〇〇で、残りは多国籍企業のロビイ組織である）。そのため、シアトルのような街中での抗議デモはできなかった。NGO側も九・一一事件以来、戦闘的な行動を自制する傾向にあったようだ。そうしたなかで、仲間とともに自らが住む町に建設中だったマクドナルド店を襲撃したことで知られるフランスの農民ジョゼ・ボヴェ(11)を先頭とする、遺伝子組み換え作物の栽培に反対する二〇〜三〇人の活動家が会議場周辺でデモを行い、入口でアメリカが派遣した海兵隊ともみ合いになった。

また、ホテルの収容人数が非常に限られていた。もっとも、六〇〇人が参加すると言われたアメリカ政府代表団の大半が治安を理由にキャンセルし、六〇人に激減。急遽アメリカが、自

(11) José Bové. 一九五三年生まれ。襲撃のきっかけは、成長ホルモン剤を使用したアメリカ産牛肉をフランスが禁輸したことに対する、アメリカ政府の報復措置だった。そのほか、アグリビジネスのモンサント社の遺伝子組み換え作物の試験圃場に侵入して作物をすべて刈り取るなど、実力行使によって農と食のグローバル化に反対している。邦訳書に『ジョゼ・ボヴェ——あるフランス農民の反逆』（つげ書房新社、二〇〇二年）。

国NGOにキャンセルされた部屋に泊まるように要請する、というできごともあったという。

参加したNGOは約一〇〇団体、二〇〇人前後と少なかったが、いずれも南北の一騎当千の活動家や理論家たちである。たとえば、パブリック・シチズンのロリ・ワラック、農業と貿易政策研究所（IATP）[12]のマーク・リチー、第三世界ネットワーク（TWN）[13]のマーティン・コー、グリーンピース[14]のレミ・パルメンティエール、国境なき医師団のダニエル・バーマン、ヘルス・ギャップ（Health GAP）[15]のエーシア・ラッセル、OXFAMインターナショナルのマイケル・ベイリー、フォーカス・オン・ザ・グローバル・サウス[16]のウォールデン・ベロー、地球の友インターナショナル、国際自由労連（ICFTU）[17]などだ。

彼らは貧しい国の代表たちにとって、貴重な援軍であった。ロビイ活動において優れているだけでなく、会議の進行状況や内幕についての情報能力でもマスメディアをはるかにしのいでいるからである。

5 進まない交渉

二〇〇二年一二月二〇日、WTOはドーハで合意した実施項目の交渉のデッドラインを迎え

(12) The Institute for Agriculture and Trade Policy. 持続可能な社会をつくるための農業と貿易のあり方をテーマとする研究・教育機関として、一九八六年にアメリカ・ミネソタ州で設立。農業・環境・貿易に関する調査研究、政策立案のための情報発信、技術指導などを行う。http://www.iatp.org

(13) Third World Network. マレーシア・ペナンに本拠を置く国際NGO。途上国のジャーナリストや研究者のネットワーク。多国籍企業による環境破壊や人権侵害、南の天然資源や伝統的知識の搾取など、多様なテーマに関して優れた情報収集・発信力を発揮し、シンクタンクとしての役割を果たす。http://www.twnside.org.sg/

(14) Greenpeace. 一九七一年に、アメリカの核実験への抗議行動から活動を開始し

た。一〇〇を超える項目についてジュネーブの本部で交渉し、合意したものを〇三年九月にメキシコのカンクンで開かれる第五回閣僚会議で採択するというのが、予定されたスケジュールである。では、ドーハ以後の一年間に、交渉は進展したのだろうか？

結論から言えば「ノー」である。以下、おもな項目について、見ていこう。

■全体を左右する農業協定の交渉

農業協定に関する交渉の議長には、ハービンソン前一般理事会議長が就任した。しかし、彼はすでにスパチャイ事務局長によって、事務局主任に任命されていた。WTOのルールでは、事務局員は交渉の当事者になれない。これは違法な人事である。

交渉デッドライン直前の一二月初め、ハービンソン議長は、第五回閣僚会議に向けて、「農業交渉のレビュー・ペーパー」を発表した。これは、過去一年間に加盟国から出された提案をまとめたもので、加盟国の農業政策に対して法的拘束力をもつ。そこで、〇三年三月末までに加盟国の合意を取り付けなければならないと記述されていた。しかし、概論と、これまでに出された提案を記載した付属文書からなるこのレビュー・ペーパー内容には、問題が多い。

まず、アフリカ諸国やカリブ海諸国をはじめとする低開発国が出した「食料安保と農村開発に関連した農産物を農業協定の枠組みから除外する」という提案をほとんど無視している。しかも、改善についての提案の多くは、特別セーフガードの範疇に入れられた。だが、そもそも特別セーフガードは、途上国が輸出する一次産品を価格変動から守るためや、途上国の国内市

た。酸性雨、有害物質、海洋汚染、オゾン層破壊などの問題に取り組む。世界各国に約一〇〇〇人のスタッフを擁し、直接行動、調査、ロビイ活動などを行う。http://www.greenpeace.org.homepage/

(15) Health Global Access Project. アメリカでHIV／エイズ問題に取り組むNGO。世界中でHIV／エイズや結核、マラリアなどの医薬品が安価に入手できるように基金設置を呼びかけ、エイズに関連してアフリカ諸国の債務削減運動も行う。http://www.healthgap.org

(16) Focus on the Global South. タイ・バンコクに本拠を置く国際NGO。代表はウォールデン・ベロー。アジアを中心とした政治経済、とくにWTOおよび国際金融システムに関する分析を行う。http://www.focusweb.org/

(17) International Confed-

場が輸入農産物によって打撃を受けるのを防ぐために認められていた手段である。食料安全保障、農村開発、先進国の農業補助金廃止などは、別の枠組みで考えられるべきだ。

先進国が、「開発ラウンド」と呼ぶのであれば、途上国の食料安保を確保するメカニズムを取引きの道具にしてはならない。ところが、EU、オーストラリア、カナダなどは、特別セーフガードの適用範囲を主食に限定するべきだと主張した。ドーハ閣僚会議では、明確に「食料安保と農村開発に必要な農産物」と記されていたにもかかわらず、にである。一方アメリカは、特別セーフガードの必要性すら認めていない。

農業協定交渉のなりゆきは、「開発ラウンド」そのものに影響する。ハービンソン議長がいみじくもレビュー・ペーパーで述べているように、WTOは「すべてに合意しなければ、何も決まらない」仕組みになっているからである。

■進展が見られないHIV／エイズ・実施問題

エイズ問題など公衆衛生との関連で、TRIPs(貿易関連知的財産権)協定宣言は、六五ページでも述べたように、ドーハ閣僚会議で途上国側が得た数少ない勝利と言われた。それは、前述の文言と、「国民の健康を脅かす危機的な病気に直面しており、かつコピー薬の製造能力のない国に迅速な解決をもたらすために……」という文言を指す。

ジュネーブでは、この文言にもとづいてTRIPs協定を一部修正する作業が始まったが、解釈をめぐって一年間はてしない議論が続く。そして、ついに〇二年一二月初め、最終草案が

eration of Free Trade Union. 一九四九年に設立された、国際的な労働組合の連合組織。東西冷戦の始まる時期に、それまで労働組合の国際的ネットワークであった国際労連が共産党色を強めたため、分裂して結成された。約一五〇カ国の労組、一億二四〇〇万人が参加している。http://www.icftu.org/

提出された。

アフリカ諸国は、草案に含まれた「ＴＲＩＰｓ協定を超える義務」、つまり、コピー薬を輸入するたびにＷＴＯに通告するという費用のかかる条項に、しぶしぶ賛成した。しかし、ＥＵや日本などの先進国は、コピー薬が貧しい途上国に輸入されたのちに先進国に再輸出された場合、十分なセーフガードが盛り込まれていないという理由で反対。アメリカは、草案そのものを拒否した。その背景には、大手製薬会社のドーハＴＲＩＰｓ協定宣言への反発がある。結局、アメリカの反対で、交渉デッドラインの一二月二〇日、最終草案は採択されなかった。

交渉は、〇三年一月八日に再開された。だが、同じ議論が繰り返されるだろう。一年間の交渉はまったくムダであった。そして、今後の交渉がエイズ禍に苦しむアフリカに有利になるという保証はない。

実施問題は六〇ページで述べたように途上国にとって大きな関心事項であり、ＷＴＯ成立以来の懸案である。しかし、〇二年一二月に、この問題についてジュネーブ本部の貿易交渉委員会が交渉状況を検証した際、まったく進展がないことが判明した。たとえば、外国企業が進出する際に国産の部品を一定割合以上使用することを義務付けるローカル・コンテンツ規制は、貿易関連投資措置協定（ＴＲＩＭｓ）によって禁止されている。これに対して、途上国が四〇項目の提案を作成し、ブラジルとインドが代表してこれを貿易交渉委員会に提出しようとしたとき、カナダ、アメリカ、ＥＵなどが「貿易関連投資措置協定では、文言の変更は許されない」と言って妨害した。

結局、実施問題は常に、他の問題を交渉する際の取引き材料に使われてきたのである。

また、特別で異なった待遇問題についても、貿易開発委員会で公式・非公式の会合がもたれ、途上国（そのほとんどはアフリカ）が八五項目にのぼる提案を出していたが、一二月二〇日までに合意に達したのはわずか四項目にすぎない。途上国は、先進国に絶望した結果、これ以上エネルギーと時間をムダにはできないとして、交渉を打ち切る。そして、途上国側の提案を一括して第五回閣僚会議まで封印することをジュネーブの一般理事会は決定した。

■グリーン・ルーム以上に不透明な非公式（ミニ閣僚）会合

〇二年一一月一四～一六日、オーストラリアのシドニーで、ミニ閣僚会合が開かれた。オーストラリア政府の招待で出席したのは、以下の二六カ国・地域とスパチャイ事務局長だ。

アメリカ、カナダ、EU、スイス、日本、韓国、オーストラリア、ニュージーランド、インド、インドネシア、シンガポール、タイ、中国、香港、マレーシア、メキシコ、トリニダードトバゴ、コロンビア、チリ、ブラジル、エジプト、ケニア、セネガル、ナイジェリア、南アフリカ共和国、レソト。

こうしたミニ閣僚会合には、議事録すらない。グリーン・ルーム方式の非透明性をさらに加速したものなのである。出席した代表からもれ伝えられた情報をまとめると、以下のような議論が行われたようだ。

議題は、①TRIPsと健康（議長国はレソト）、②特別で異なった待遇と貿易に関連した技術援助（議長国は韓国）、③市場アクセス（サービス、農業、工業製品、議長国はシンガポール）、④その他の問題（シンガポール項目と環境、議長国は南アフリカ共和国）、⑤カンクンへの道（議長国はメキシコ）の五項目だった。多くの時間が③の農業の議論に費やされたという。

シドニー会議で議長を務めたオーストラリアのマーク・バイレ貿易相とアメリカのロバート・ゼーリック通商代表は会議後の記者会見において、こう自賛した。

「ジュネーブでの交渉はデッドロックに陥っているが、ここでは柔軟性をもって議論できたため、『ドーハ開発ラウンド』の進展に大きく貢献した」

納税者の巨額の税金が使われているにもかかわらず、ジュネーブのWTO交渉が無益であることをはからずも物語っている。

〇三年二月一四～一六日には、東京で同じくミニ閣僚会合が開催された。やはり開催国の日本が二十数カ国の閣僚を招待して、懸案事項を議論する排他的な集まりである。ここでも、最重要議題は、交渉のデッドラインを目前にした農業協定だった。

NGOは、ミニ閣僚会合をグリーン・ルーム方式と同じであるとして非難している。以下は、シドニーのミニ閣僚会合で行ったNGO声明の抜粋だ。

① 招待される国の基準が明確ではない。

② 議事録がなく、NGOやマスコミを閉め出し、招待されなかった加盟国には内容も知らされない。

③ 一般理事会（総会）以外の場で議題が決められる。

④　にもかかわらず、二十数カ国の決定がWTO全体の合意とされ、全WTO加盟国に影響を及ぼす。

なお、〇二年五月にジュネーブでインドやタンザニアなど途上国一五カ国が、WTOの公正な政策決定過程に関する問題について、スパチャイ事務局長に対して要請した。だが、今日（〇三年二月中旬）に至るまで、回答はない。

第4章　国際政治を動かしてきたNGO

バングラデシュのNGO、BRACによる女性のための職業訓練(写真提供・アジア太平洋資料センター／写真撮影・小野肇)

1　国連を舞台としたＮＧＯの活躍

■国連会議で不可欠の存在に

一九九〇年代に入ると、第二次世界大戦後の国際政治の枠組みを形成してきた米ソの冷戦構造が崩壊した。これにともなって、米ソ対決のなかに押し込められてきたさまざまな問題が顕在化していく。貧困の増大、武力紛争の激化、環境の悪化、難民・移民の激増、人権の侵害などである。

そこで国連は、九〇年にニューヨークで開かれた世界子どもサミットを皮切りに、リオデジャネイロ（ブラジル）の地球サミット（九二年）、ウィーン（オーストリア）の世界人権会議（九三年）、カイロ（エジプト）の世界人口会議（九四年）、コペンハーゲン（デンマーク）の社会発展サミット、北京（中国）の世界女性会議（ともに九五年）そして、イスタンブール（トルコ）の人間居住会議（九六年）と、地球的規模の課題をテーマとした大規模な世界会議を開催してきた。

これらはいずれも数万人規模のマンモス会議である。その大きな特徴は、ＮＧＯが大きな役割を果たしたことだ。政府代表団へ参加したほか、オブザーバーとして活発なロビイ活動を展開した。会議に並行して独自のフォーラムも開催し、多くの場合そこへの参加者数は、本会議（政府間会議）のそれを上回っている。本会議でも、ＮＧＯの参加者数は政府代表に匹敵した。もはや、ＮＧＯの参加を抜きにして国連の会議を成功させることはできない。

それを象徴するのが、九七年にオタワ（カナダ）で締結された対人地雷禁止条約である。この偉大な事業を成功させた最大の功労者はＮＧＯであり、翌年、地雷禁止国際キャンペーン（ＩＣＢＬ）[(1)]がノーベル平和賞を受賞した。こうした流れが九九年末のシアトルのデモへつながっていく。いまや、ＮＧＯは国際政治を動かす力をもったと言っても過言ではない。

■ＮＧＯは国連の造語

ここでＮＧＯの歴史を簡単に振り返ってみよう。それは、国連の創設にさかのぼる。国連憲章[(2)]からは、二度にわたる世界大戦による悲惨な被害と愚かな過ちを繰り返してはならないという、痛切な思いが読み取れる。しかし、実際の国連は加盟国政府による国際政治の場であり、各政府はそれぞれの国益を代表する。そして、国益が対立するとき、国家間の紛争、すなわち戦争が起こる。これを防ぐ手段のひとつとして国連は、国益を代表しない民間の知恵を活用し、ＮＧＯ（Non-Governmental Organization, 非政府組織）をオブザーバーとして参加させることになった。

したがって、ＮＧＯは国連の造語である。非政府組織は文字どおり「政府でない組織」だから、労組、宗教団体、企業、平和運動組織、植民地の独立運動組織などあらゆるものが含まれ

（1） International Campaign to Ban Landmines. 地雷廃絶を訴える世界各地のＮＧＯの連合体で、対人地雷禁止条約を提唱。同条約には一九九七年に世界一二一カ国が署名し、九九年に発効した。ＩＣＢＬと同コーディネーターのジョディ・ウィリアムズに対して九七年度ノーベル平和賞が授与された。http://www.icbl.org/

（2） 国連の創設にともなって創られた憲章。序文には「われら連合国の人民は、われらの一生のうちに二度まで言語に絶する悲哀を人類に与えた戦争の惨害から将来の世代を救い（中略）国際の平和及び安全を維持するためにわれらの力を合わせ、共同の利益の場合を除く外は武力を用いないことを（中略）決意して、これらの目的を達成するために、われらの努力を結集することに決定した」とある。

る。地方自治体も、税金を徴収するという側面では「政府」であるが、国家を代表する中央政府ではないという意味では、国連の定義に従えばNGOである。NGOが参加する法的根拠は、国連憲章第七一条に記されている。

「経済社会理事会は、その権限内にある事項に関係のある民間団体と協議するために、適当な取極を行うことができる」

ただし、私は非政府組織の「非」という言葉には否定的なイメージがあるので、好きではない。むしろ「市民社会」という呼び名のほうがふさわしい。

冷戦が終わるまで、国連の会議に参加できるNGOの条件は、複数の国にメンバーをもって活動している国際組織であることだった。したがって、世界キリスト教協議会（WCC）[3]、YMCA世界連合会（キリスト教青年会）[4]、国際自由労連など巨大な国際組織に限られ、国内で活動しているNGOには参加の資格がなかった。

こうした国際的なNGOには、国連経済社会理事会（ECOSOC）[5]の諮問資格（アドバイザー的な役割）が与えられた。非公式会合や決議文の採決には参加できないが、国連会議での発言は認められる。ただし、承認にあたっては、国連加盟国すべての合意を必要とする。そのため、たとえば国際的な人権団体などの場合、国内の人権侵害を非難されている国が反対すれば、承認されない。冷戦が終わった当時、承認されていたNGOは約一五〇〇団体にのぼっていたが、世界平和評議会や国際労連など旧ソ連系の組織は、ソ連の崩壊とともに活動不能に追い込まれた。今日では、半数近くが冬眠状態にある。

（3） World Council of Churches. 一九四八年に設立された、宗派を超えたキリスト教会の連合体。一一〇カ国にメンバー四億人を擁し、ジュネーブに本部を置く。http://www.wcc-coe.org/

（4） World Young Men's Christian Associations. 一八四四年、イギリスで設立された福音派キリスト教系青年団体。一八五五年に国際組織となり、世界各地に支部を置いて教育・社会奉仕事業を行っている。http://www.ymcajapan.org/

（5） Economic and Social Council. 経済・社会・文化・教育・保健・人権にかかわる国際的問題について研究と報告し、総会や加盟国に勧告する。三年の任期で選出される五四の理事国で構成され、常任理事国はない。

九八年以降は、国内レベルのＮＧＯであっても、諮問資格が与えられるようになった。諮問資格をもつＮＧＯは、安全保障理事会のような例外を除き、総会をはじめほとんどすべての会議にオブザーバーの資格で出席でき、発言の機会が与えられる。

■国連会議でＮＧＯフォーラムを開催

国連とＮＧＯの間に新たな協力関係が生まれたのは、ストックホルムで行われた七二年の国連人間環境会議(6)がきっかけである。主催国スウェーデンのオロフ・パルメ首相が呼びかけて、本会議と並行してＮＧＯによるフォーラム（当時は、民間フォーラムと呼ばれた）が開かれた。

国連では当時、米ソの東西対決に加えて、資源問題や新国際経済秩序（第2章1参照）をめぐって南北が激しく対決していた。環境という地球規模の問題がテーマであったにもかかわらず、東西間・南北間の対決が持ち込まれ、議論は紛糾する。しかし、各国の国益がぶつかり合う本会議に比べて民間フォーラムでは、草の根の人びと、とくにもっとも貧しく、虐げられている人びとの立場で、議論が進められた。そして、環境と人間の良好な関係は人類共通のテーマであるとして、多くの解決案が出された。こうしたＮＧＯの提案は、暗礁に乗り上げ、議論が一歩も進まない状態にあった本会議の審議にも大きく貢献する。

それ以来、国連会議に先行して、同じ場所で民間フォーラムを開催することが不文律となり、名称はＮＧＯフォーラムに改められた。参加するＮＧＯは、国際組織である必要はない。ストックホルムでは、各国で産業公害や環境破壊と闘う住民組織、自然保護や環境保護運動を

(6) 環境問題をテーマとして行われた、はじめての世界的な会議。一一四カ国が出席し、「人間環境を保護し、改善させることは、すべての政府の義務である」という人間環境宣言を採択し、国連環境計画（ＵＮＥＰ）が設立された。

進める市民組織、そして環境、人口、社会開発、人権、女性、人間居住などの課題で、国内や地域レベルで活動するNGOやコミュニティ組織（Community Based Organization=CBO）が参加した。

　こうしたNGOフォーラムでは、全体会議に加えて、ワークショップ、写真展、寸劇などのイベントが連日、繰り広げられる。二〇〇二年八月に南アフリカ共和国のヨハネスブルグで開かれた国連持続可能な開発サミットでは、六万人が参加して「グローバル・ピープルズ・フォーラム」が開かれた。

■効果的なロビイ活動と情報収集・発信能力

　九〇年代に入ると、NGOは国連会議そのものに直接的に働きかけるようになる。その発端は、九二年の地球サミットだ。前年にニューヨークで準備会議が開かれたとき、環境NGOのメンバーである一人の女性が、提出されたアジェンダ21の草案にジェンダーの視点がまったく欠けていることに気づく。そこで、環境NGOで活動する七〇カ国約一〇〇〇人の女性たちが集まってマイアミで会議を開き、草案に対する修正案を作成した。

　さらに、ここで女性の国際的ネットワーク「女性環境開発組織（Women's Environment and Development Organization=WEDO）」が誕生した。その共同代表には、故ベラ・アブズグ[7]をはじめ、バンダナ・シバ[8]、ワンガリ・マタイ[9]など著名な女性運動のリーダーの名が見られる。WEDOが地球サミットで果たした役割は大きく、提案したジェンダーの視点のほとん

（7）Bella Abzug（一九二〇～一九九八）。アメリカの弁護士で、七〇年代にはニューヨーク州選出の下院議員として、女性の地位向上やベトナム反戦運動に貢献。公民権、女性、環境などの運動に生涯取り組んだ。

（8）Vandana Shiva. 一九五二年生まれ、インドの生物学者・環境運動家。八二年にリサーチ・ファンデーション・オン・サイエンスを設立。農業と遺伝子資源、生物多様性、世銀・WTOに対するキャンペーン、ジェンダーなど、活動は常に草の根の運動とともにありながら、幅広く国際的である。九三年には、「もうひとつのノーベル平和賞」と言われる「ライト・ライブリフッド賞」を受賞。邦訳書に『バイオパイラシー——グローバル化による生命と文化の略奪』緑風出版、二〇〇二年、『生きる歓び——イデオロギーとしての近代科学批判』築

どがアジェンダ21に盛り込まれた。以後、国連が地球規模の課題で開く会議では、WEDO主催の女性コーカス(10)（部会）が組織されるのが慣例となる。

女性コーカスのロビイ活動の成果は、めざましかった。翌九三年の世界人権会議では、「女性の権利は人権である」という決議を採択に持ち込んだ。九四年の世界人口会議では、バチカン、グァテマラやエクアドルなどカトリック教国、イスラム教国などの強い反対を説得し、「女性のリプロダクティブ・ヘルス／ライツ」（女性の身体の再生産の健康／権利）についての合意を取り付けた。これは、従来、人口問題が食料や国家安全保障の枠組みでしか捉えられていなかったことに比べると、非常に大きな前進である。

九五年の社会発展サミットでは、採択された宣言文の冒頭において、参加した一一八人の国家首脳たちが、「今日、そして二一世紀に向けて、社会開発を最優先課題とする」と誓い、すべての分野の開発において女性を主体としていくことに合意した。同じ年に、世界女性会議に並行して開かれた北京郊外のNGOフォーラムには、三万五〇〇〇人のNGOの女性が参加し、オブザーバーの資格を得たNGOメンバーは四〇〇〇人を超えた。

また、各国の政府代表団にNGOメンバーを加えるようになった。国連では現在、政府代表団に最低三人のNGOを加えることが不文律だ。日本政府は三人を上限にしているが、アメリカ、カナダ、EUなどでは、二〇%にあたる人数のNGOが加わっている。世界女性会議に参加したスペイン代表団は、NGOのメンバーである女性弁護士が主席代表だった。しかも、この年スペインはEUの議長国だったため、彼女がEU一五カ国を代表して発言したのである。

地書館、一九九四年。

(9) Wangari Muta Maathai. 一九四〇年生まれ、ケニアの環境活動家。ナイロビ大学で生物学を修め、獣医としての訓練を受けた後、七六年からケニア女性協議会での活動を始める。植林活動を通じて住民を組織化し、環境保全と並行して女性の地位向上に努めるという手法は、その後パン・アフリカン・グリーンベルト・ネットワークとして組織され、アフリカの他地域でも実践されている。彼女とグリーンベルト運動は、八四年に「ライト・ライブリフッド賞」を受賞した。

(10) 国連などの主催する国際会議で、NGOの女性メンバーなどがつくる、進行に合わせてジェンダーの視点から情報共有や審議内容のモニターを行う、いわば連絡会議。アジア・アフリカなど地域別、開発・居住など問題別のコーカスもある。

九六年の人間居住会議では、政府や自治体とともにＮＧＯが実質審議に参加。都市貧民、人権、女性、青年などのテーマごとにコーカスをつくり、その代表という形で決議草案を審議する政府間のインフォーマル会議で発言した。

このほかにも、国際的な環境ＮＧＯは地球サミットで、アジェンダ21に地球温暖化防止条約を盛り込むことに成功した。抵抗するアメリカ政府を向こうに回して、ＮＧＯが条約締結の国際世論を巧みに盛り上げていった。こうした活動は、ＮＧＯの情報収集・発信能力に多くを負っている。

たとえば地球サミットでは、アメリカに本拠を置く持続可能な開発国際研究所（ＩＩＳＤ）[11]が、カナダ、オランダ、スウェーデンなどの政府（最近では日本の環境省も）から資金援助を受け、毎日の議事録を報道する「地球交渉ニュース（Earth Negotiation Bulletin）」を発行。以後、世界人口会議、社会発展サミット、世界女性会議、人間居住会議などの準備会議と本会議、さらに地球温暖化防止条約、ラムサール条約（とくに水鳥の生息地として国際的に重要な湿地に関する条約）、種の多様性条約などアジェンダ21関連の条約を審議する国際会議において、連日、英、仏、スペイン語の議事録を報道してきた。

「地球交渉ニュース」は、会場で政府代表やＮＧＯに配布されるだけではなく、インターネットを通じて、瞬時に世界中のＮＧＯのもとに届けられる。また、国連会議に多くの代表を送ることができず、会議の内容を随時フォローできない貧しい途上国政府にとっても、重要な情報源となっている。

（11）International Institute for Sustainable Development. カナダ・ウィニペグに本拠を置く研究所。持続可能な開発のために、貿易・投資、気候変動、天然資源の管理などのテーマで、政府・企業への政策提言や市民への広報を行っている。http://www.iisd.org/about/

2 世銀と多国籍企業に対する活動やキャンペーン

■世銀に対するロビイ活動

NGOは、世銀に対しても、長い間さまざまな活動を展開してきた。とくに、世銀のダム、道路、火力発電所など大規模産業インフラ建設融資プロジェクトによって強制移住された人びと、公害に苦しむ人びとの立場に立って、反対運動を続けてきた。そうした活動は、すでにいくつかの成果を生んでいる。

たとえば、世銀は一九九三年に独立審査パネル(12)を設けた。世銀が融資する開発プロジェクトによって被害を受ける可能性がある場合、現地住民やNGOは直接このパネルに訴えられる。これを受けてパネルは、環境、社会開発、人権の面からプロジェクトを調査し、大きな問題があれば中止を勧告できる。その最初のケースとなったのは、ネパール政府が進めていたアルン・ダム建設融資プロジェクトだ(13)。国家財政を逼迫させ、さらにヒマラヤの環境を破壊するというパネルの勧告により、この計画は中止に追い込まれた。

NGOの特徴は、それぞれの方針や行動の違いを尊重するところにある。この点が、政党や、政党に系列化された団体とは大きく異なっている。

(12) Independent Inspection Panel. 二〇〇二年までに一二件の申し立てがされた。うち五件に調査勧告が出され、二件は世銀からの調査承認が下りた。 http://wbln0018.worldbank.org/ipn/ipnweb.nsf

(13) Arun Hydroelectric Project. アルン峡谷に巨大な水力発電用ダムと長大な峡谷横断道路を建設するプロジェクト。審査の結果、計画の見直しが行われ、世銀は一九九五年二月に融資を撤回する。投資総額は一〇億ドル以上と、ネパール史上最大の規模となるはずで、その額は国家予算の一年分にほぼ相当する。ネパールでの電力消費はそれほど多くないうえに、インドへの売電計画も見通しが甘く、建設計画の正当性そのものが問われた。

まだドイツが東西に分裂していた八八年九月、西ベルリンで開かれたＩＭＦ・世銀の合同年次総会に対して、緑の党やカトリック青年組織の呼びかけで、一〇万人が会場に向けて抗議のデモ行進した。これが、国際金融機関に対するはじめての大規模な国際的抗議行動である。「世銀は人殺しだ」というスローガンに見られるように、このときのデモは、世銀そのものを否定する「世銀解体派」が大勢を占めていた。

ＩＭＦ・世銀の創立五〇周年を祝う合同総会がスペインのマドリッドで開かれた九四年には、世銀そのものを否定するＮＧＯと、世銀の存在を認めたうえで改革しようとするＮＧＯとに、「分化」が起こった。とはいえ、両者は相手の存在や活動を認め合っていた。いわば平和共存の関係である。

たとえば、スペインのＮＧＯフォーラムやアメリカの「五〇年で、もうたくさんだ」[14]は、ＩＭＦ・世銀の解体を叫んで、激しい街頭デモを行った。また、総会の会場内では、世銀総裁の演説の最中に、グリーンピースの活動家二人（カナダとオーストラリアの登山家）が天井の梁によじ登り、表面に世銀総裁の顔、裏面には「世銀は人殺しだ」と書いたドル紙幣のコピーをばら撒いた。世銀総裁の記者会見の席上では、学生の国際的な環境ＮＧＯであるＡ ＳＥＥＤインターナショナル[15]のメンバーが、総裁の顔に向かって〃五〇周年誕生日〃ケーキを投げた。こうした直接行動グループは国際金融機関そのものを否定し、その解体を求めている。

一方、同じ会場内で、地球の友インターナショナル、シエラ・クラブ[16]、ＷＷＦ[17]などの環境ＮＧＯ、オックスファム、ＮＯＶＩＢ[18]、クリスチャン・エイド[19]などの国際開発協力ＮＧＯと、途

(14) 50 Years is Enough. 国際金融機関が貧困を増大させ、環境を破壊し、また政策決定過程が不透明で非民主的であるとして、改革を求めるために、アメリカで一九九四年に結成されたＮＧＯの連合体。http://www.50years.org/

(15) Action for Solidarity, Equality, Environment, and Diversity. 地球サミットに際して結成された若者たちによるＮＧＯ。ヨーロッパ、アジア、北米、南米、アフリカ、日本に支部がある。環境・開発問題の構造的な原因はＩＭＦ・世銀の融資政策やＷＴＯに象徴される「自由」貿易にあるとして、活発なキャンペーン活動を行う。http://www.aseed.net/about.htm

(16) Sierra Club. サンフランシスコに本部を置く環境教育保護団体。一八九二年、アメリカの自然保護の父といわれるジョン・ミューアによっ

上国の環境、開発、人権NGOが、IMF専務理事、世銀総裁や各国の理事に対して、ロビイ活動を展開していた。個々の開発融資プロジェクトでの環境、社会開発、人権を侵害する点について述べ、融資の取止めや改善を求めていたのだ。そもそもロビイ活動は、相手の存在を否定しては成り立たない。会議の場でロビイ活動を行うNGOは、国際金融機関を内部から改革していこうとしているわけである。

■多国籍企業の行動を問うキャンペーン

NGOの国際的活動は、国際機関を対象とした分野に限らない。環境や人権よりも利潤を優先する多国籍企業に対しても、さまざまな活動が続けられてきた。ここでは、おもなものを紹介しよう。

まず、六〇年代から始まったネッスル・キャンペーンである。当時スイスの多国籍企業ネッスル社（現ネスレ社）が途上国で、乳児用粉ミルクを「母乳に優る」と広告して販売していた。ところが、衛生上の注意や分量など必要な注意事項がパッケージに記載されていなかった（たとえ記載してあっても、字が読めない母親にとっては意味がない）。そして、清潔な水を得られず、煮沸のための燃料に事欠くような状況で使われ、多くの乳幼児が死亡したのだ。

このような利潤追求のみをめざした途上国への売込みは道義上許せないとして、ヨーロッパの女性たちが声をあげた。ネッスル社に対する抗議運動は二〇年間にわたって続けられ、全世界の女性たちに広がっていく。その結果、WHOにおいて八九年、ネッスル社の広告は誤りで

て創設された。アメリカ国内で五六万人の会員を擁する大組織。活動内容は、国立公園の管理、野生生物の保護、地球温暖化の防止など。http://www.sierraclub.org

(17)　World Wildlife Fund. 一九六一年に設立され、一〇〇カ国を超える国ぐにに活動拠点をもつ世界最大の自然保護団体。近年は、大気・水・土壌の汚染や温暖化などの環境問題にも取り組む。http://www.wwf.org/

(18)　一九五三年にオランダで設立された国際開発協力NGO。政府や国際機関へのロビイングと並行して南側諸国の開発に対して資金援助を行うドナー組織の草分け的存在。http://www.novib.nl/navigation/menu.aspx

(19)　Christian Aid. 第二次世界大戦後のヨーロッパの復興支援と難民の救援を目的として一九四五年に活動を開始した、イギリスのキリスト教

あるという決議がなされた。

　七〇～八〇年代にかけては、多国籍企業に対するNGOの批判活動の中心は、南アフリカのアパルトヘイト問題である。欧米各国で、南アフリカに投資していた多国籍企業や南アフリカ政府に融資している銀行に対して、キリスト教会、労組、大学、黒人団体、学生組織などが、"Divest Movement"（資金引上げ運動）と呼ばれたキャンペーンを行った。それぞれの資産や年金などを運用するために購入していた株や預金を引き上げるという「脱投資」運動である。自社の株価が下落するため、企業にとっては大きな打撃となった。このような国際的な反アパルトヘイト運動は、南アフリカ国内の虐げられた黒人を勇気づけ、七六年のソウェト反乱[20]へとつながっていく。

　九〇年代には、アメリカのスポーツ用品メーカー・ナイキ社が、途上国の女性や子どもを劣悪な条件で働かせて搾取しているという理由で、消費者の不買運動が起こる。ついには世銀がナイキ社の「救済」に乗り出し、NGOに委託してベトナムやタイで下請け工場の実態調査を行い、改善措置を勧告した。このほか、グリーンピースがシェル石油の北海での油田開発を阻止したり、アメリカのアグリビジネス・モンサント社が遺伝子組み換え技術の開発でNGOの告発を受けたりした。

　また、九〇年代後半には六六ページでも紹介した、多国間投資協定（MAI）反対キャンペーンが繰り広げられた。OECDは、先進国間の合意を取り付けた後で個別に途上国に承諾させようという作戦をたて秘密裏に協議を行ったが、NGOが条文の草案を手に入れ、インター

系団体。六〇カ国で活動を続けている。http://www.christian-aid.org.uk/

(20)　かつての南アフリカのアパルトヘイト政策のもとで、都市で働く黒人とその家族は郊外の黒人居住区に住むことを強制されていた。ソウェトは、首都ヨハネスブルグ郊外に置かれた都市部最大の黒人居住区。一九七六年六月、公用語のひとつアフリカーンス語の強制学習に反対する黒人中・高生のデモをきっかけに大規模な蜂起が起こり、三日後に鎮圧されるまでに死者は一七六人にのぼった。その後ソウェトは反アパルトヘイト闘争のシンボルとなる。

ネットを通じて国際的に暴露する。その結果、まずフランス政府が市民社会の抗議に応えて協議をボイコットし、結局、草案は廃案になった。反対キャンペーンの最大の功労者は、パブリック・シチズンである。有能な企業弁護士であったロリ・ワラックが雇われ、「ドラキュラ作戦」(21)と名付けた効果的な暴露キャンペーンを行った。それが陽の目を見て、ＭＡＩはまさに「溶けて」しまったのである。

九七年に起きたアジア通貨危機に見られるように、巨額の投機資金が世界を瞬時に駆け巡る一方で、国境を超えた巨大企業の寡占化が急速に進んできた。経済のグローバリゼーションは、世界大で貧富の差をますます広げている。こうした状況に対して、環境、人権、女性などの国際的なＮＧＯのネットワークをはじめとして、後述する途上国の開発ＮＧＯ、さらに労組や宗教界も巻き込んだグローバルな市民社会が、「ノー」と言い始めた。

(21) 吸血鬼伝説で知られるドラキュラ伯爵が太陽の光にあたると魔力を失うことをもじった作戦。

3　途上国の開発ＮＧＯの役割

国連において、ＮＧＯが力量を発揮できるようになってきたのは、途上国のＮＧＯが数において急増したばかりでなく、質においても政府に対抗できるまでに成熟度を高めたからである。このNGOのダイナミズムは、どこからきたのか。

■絶対的貧困層の増加

衣、食、住、教育、保健衛生。人間が生きていくのに最低必要なこれらの要件を、国連は「人間の基本的なニーズ（Basic Human Needs＝BHNs）」と呼んだ。そして、それを奪われている貧困ライン以下の人びとを絶対的貧困と定義した(22)。そのほとんどは、一日三回の食事を満足にとることができず、着のみ着のままで、安全な住居（シェルター）がない。そこには、路上生活者はもとより、途上国の大都市に多いスラムに住む人びとも含まれる。彼らは土地を「不法占拠」しているという理由で、行政当局から常に追い立ての脅威にさらされている。

絶対的貧困層はたいてい義務教育を受けられないため、読み書きができない。これは、政治的・文化的権利も奪われることを意味する。そして、病気になっても医者にかかれず、薬も手に入らない。安全な水を手に入れられない。トイレや下水道設備がない。その結果として幼児死亡率が高い。貧しい人びとにとって、唯一の将来の保証となる財産は子どもだから、女性が毎年のように子どもを産み続ける。

債務危機が発生した一九八〇年代には、この絶対的貧困におかれた人びとの数は五億人であった。九〇年代に入ると、それは一〇億人を超える。さらに、世銀は二〇〇〇年五月、「一五億人に達した」と発表した(23)。

九〇年代に入って社会主義は崩壊したが、かつて社会主義諸国政府は、こうした基本的なニ

(22) 貧困ラインの基準は国によって異なる。世銀の定義では、一人あたり年間所得三七〇ドル以下を「貧困」、二七五ドル以下を「絶対的貧困」としている。これは、一日一人あたり最低限必要な栄養を二一五〇～二二五〇キロカロリーとみなし、それを得るためには一日約一米ドルが必要として換算したものである。

(23) 世界銀行『世界貧困報告』二〇〇〇年五月。

ーズを保証していた。にもかかわらず、人びとが社会主義に「ノー」と言ったのは、「自由」がなかったからである。衣、食、住、教育、保健衛生という生活インフラが保証されただけでは、人間は十分ではない。自由にものを言える権利が必要である。

そこで、国連は冷戦後、絶対的貧困の要件として自由の欠如を加えた。貧困の根絶は、貧しい人びとが自由を享受し、エンパワーされて、はじめて可能となる。

■開発ＮＧＯの役割

絶対的貧困が増えていった八〇年代以降、「経済開発」政策の失敗が明らかになり、環境破壊や人権侵害も進んだ。ＩＭＦ・世銀の構造調整プログラムの導入によって債務の返済に追われる途上国政府は、貧困を根絶する能力を失ってしまった。民生予算がほとんどないうえに、公務員の給料が安く、しばしば遅配・欠配する。インドネシア、インド、スリランカなどでは、大学卒の初任給は外資系企業が最高であり、ＮＧＯがこれに続き、公務員はもっとも低い。これでは、よい人材が政府に集まらない。

そこで危機の解決に取り組んだのが、ＮＧＯである。ＮＧＯは従来の経済開発に対するオルターナティブとして、貧しい人びと、とりわけ女性や先住民族を開発の主体に据えた「持続可能な開発モデル」を提起してきた。貧困の根絶、人権の擁護、人材の育成、環境の保全と回復などをめざすＮＧＯの活動が活発化している。これらは「開発ＮＧＯ」と総称される。

ＮＧＯには大きく分けて三つの機能がある。

その第一は、貧しい人びとに対するサービスの機能だ。開発NGOはこの分野で活躍している。そうした活動は本来、政府の仕事であり、政府が予算と人材の不足のためにできない仕事をNGOが代行しているにすぎないのではないか、という疑問をもつ読者もあるだろう。だが、その答えは「ノー」である。なぜなら、次に述べるアドボカシー（政策提言）機能を併せ持っているからだ。

NGOは、貧しい人びとをエンパワーして、彼ら自身が持続可能な開発を実施していく主体となることをめざしている。同時に、中央・地方政府、国連やIMF・世銀などに対して、人びとを中心にした持続可能な開発についての政策提言やロビイ活動を行う。これがNGOの第二の機能、アドボカシーだ。

第三の機能は、開発NGO・アドボカシーNGOを問わず、地域的・全国的・国際的なレベルにおけるネットワークの形成である。NGOの活動家やリーダーの養成をめざしたワークショップが各レベルで開催され、途上国のNGO間でも交流が進んできた。世界各地で毎日のように、こうしたワークショップは開催されている。

開発NGOは、農業、保健・医療などいろいろな分野の専門家集団でもある。多くの国でNGOに対して、税金控除などの優遇措置を含んだ登録制がとられるようになった。たとえば、途上国でNGO活動がもっとも盛んなインドでは、政府に登録しているNGOだけで一〇〇万を超えるという。また、バングラデシュのBRAC[24]のように、約一万人のスタッフを抱え、一万以上の農村で、貧困を根絶するために持続可能な開発に取り組んでいる巨大なNGOもあ

(24) バングラデシュ農村振興委員会(Bangladesh Rural Advancement Committee)。バングラデシュ最大のNGO。一九七二年に独立した際、難民の再定住の支援から活動を始め、貧困層、とくに女性たちの支援に取り組んできた。農村地域の教育や女性のためのジョブ・トレーニングなど、その幅広い活動はバングラデシュの「もうひとつの政府」とさえ言われている。http://www.brac.net/

る。一方、スタッフ一〇人前後の小規模なＮＧＯが、都市のスラムにおける住民の組織化や貧困根絶の活動を展開している。

開発ＮＧＯは、山岳地帯、農村、漁村、都市のスラムなど、もっとも貧しい人びとのなかへ入って行く。そうした地域で、弱い立場におかれている女性たちをおもに組織し、持続可能な農業や生計向上に役立つ小規模ビジネスの推進、保健衛生の研修、資源や環境の保全など、さまざまなプログラムを実施している。そして、専門的な知識やプロジェクトに必要な資金などを援助する。最終的にめざすところは、貧しい女性たちが社会的・経済的に自立できるようになることだ。この場合、ＮＧＯと女性たちとは、平等なパートナーシップの関係にある。

■先進国の国際開発協力ＮＧＯによる援助

途上国の開発ＮＧＯに資金を提供しているのは、主として北米やヨーロッパの国際開発協力ＮＧＯ（ドナーと通称されている）、キリスト教会、各種の慈善団体、政府、それに、最近ではＥＵ委員会などだ。

ヨーロッパやカナダの国際開発協力ＮＧＯは、政府のＯＤＡ予算のうち平均五〜八％を受け取り、途上国のパートナーである開発ＮＧＯに贈与の形で拠出している。こうしたメカニズムは、七〇年代にカナダで始まった。

当時のカナダ政府は、東南アジア諸国にＯＤＡでトロール船を供与していた。これらの国ぐににとって漁業が重要な産業であり、魚が重要なタンパク源であるというのが援助の理由だったが、トロール船の導入は、資金力のある人びとが利益を独占的に享受する結果をもたらす。小規模漁民は職を失い、貧しい人びとは魚を食べられなくなった。

そこで、カナダのキリスト教会、労組、NGOが協力して、ワークショップを開催。漁民たちの意見を聞き、小規模漁民に対して、小さな釣り舟に据え付ける小型のモーターを援助する。これによって、少ない資金で多くの貧しい漁民が利益を享受できることが証明された。カナダ政府はこの事実を受け入れ、以後ODA予算の一部を国内のNGOを通じて、途上国のNGOに援助するという方式に変えた。それは、デンマーク、スウェーデン、ノルウェーなど北欧諸国、オランダ、イギリス、フランス、ドイツなどに広がっていく。

一方ベルギーのブリュッセルに本拠をおくEU委員会には、加盟国がODA予算の一部を拠出しており、その総額は年間八五億ドルに達している。それは、国益に関係なく途上国政府に供与され、一部が途上国の開発NGOに向けられてきた。最近では、パレスチナ、ルワンダ、エチオピア、ブルンジ、ボスニアなどに、集中的に供与している。これらの国では、紛争後の平和と国家再建のために、NGOの活動が不可欠である。そこで、NGOリーダーの養成を事業目的としている国際NGOのネットワークに研修資金を供与している。

九五年に発表された世銀の調査によれば、途上国の開発NGOの年間活動資金総額は八五億ドルにのぼる。これは、先進国のODA総額が五〇〇億ドル、世銀の開発融資総額が二五〇億ドルであることを考えると、相当に大きな額といってよい。

4　NGOの封じ込めに出たヨハネスブルグ・サミット

■アメリカの横暴と乏しい成果

二〇〇二年八月二六日〜九月四日、南アフリカ共和国のヨハネスブルグで、史上最大規模の一〇四人の国家首脳を含む一九一カ国、二万一三四〇人が集まって、持続可能な開発に関する世界首脳会議（ヨハネスブルグ・サミット）が開かれた。ただし、アメリカのブッシュ大統領は欠席した。「超大国」大統領の不在は、サミットの最大の汚点と長く言われるだろう。

ヨハネスブルグ・サミットは、一九九二年の地球サミットで採択された行動計画であるアジェンダ21の実施状況を確認・再審議するための会議である。しかし、アジェンダ21はほとんど実施されなかったばかりか、地球環境はこの一〇年間ではるかに悪化し、貧困は拡大している。そこで、アジェンダ21の再審議ではなく、持続可能な開発をテーマとして、サミット・レベルでの新しい公約を決めることになった。

ところが、アメリカは、国連の会議であるヨハネスブルグ・サミットという場で、〇二年四月のモンテレー合意の追認や拘束力をもつWTO協定への従属を迫ったのである。

モンテレー合意がまとめられた国連開発資金会議の席で、先進国側は途上国の統治能力の確立が先決だと主張し、新しい開発資金供与を拒否。これに異議を唱える途上国に対して、「モンテレー合意はあくまで合意であるから、実施についてはヨハネスブルグ・サミットで議論する」となだめ、採決を強制した。ところが、いざサミットが始まると、アメリカを先頭とする先進国は、「モンテレー合意を尊重し、これを再審議しない」と述べ、二度にわたって途上国を裏切ったのである。

これに対して、ヨハネスブルグ・サミットの世界実施文書では、国連がWTOに従属するものでないことを確認。少なくとも、WTOによる国連の乗っ取りはなんとか阻止できた。また、二〇〇〇年九月の国連のミレニアム・サミットで採択された「ミレニアム開発ゴール」で欠けていた「貧しい人びとの衛生設備へのアクセス」について、数値と期限目標を新たに設定。生物多様性や漁業資源の保全についても、同じく数値と期限の設定が行われた。さらに、九七年一二月に採択された京都議定書(25)をすべての国が批准するように呼びかけた。これは、議定書から脱退したアメリカにとっての敗北である。

しかしながら、このようないくらかの成果は、ヨハネスブルグ・サミットの犯した大失敗に比べれば、とるに足りないものとなってしまう。

第一に、EUやNGOが強く主張していた、多国籍企業に対して法的拘束力をもつ行動規範(Code of Conduct)の制定は、ついに採択されなかった。途上国とNGOが強くロビイングした先進国の農産物補助金の廃止と、途上国の輸出品に対する市場開放についても、ドーハの閣僚宣言以上の公約は得られていない。

(25) 二酸化炭素などの温暖化ガス排出量の削減計画。

第二に、実施計画では、持続可能な開発の前提条件である債務帳消しの公約が行われなかった。ODAのGNP比〇・七%への引上げについても期限は示されず、新しい追加資金（為替取引き税、第7章参照）も公約されなかった。そのうえ、モンテレー合意は追認されたのである。

第三に、サハラ以南のアフリカにとって国家の存亡そのものが脅かされているHIV／エイズ対策について、まったくふれられていない。

第四に、再生可能なエネルギーの数値と期限の目標は、EUとブラジルやフィリピンなどが強く主張したにもかかわらず、アメリカと日本の反対で設定されなかった。

第五に、国連がこうした巨大会議を開催するのはヨハネスブルグが最後であろうと言われる。今回、採択されなかった重要項目については今後、国連経済社会理事会の「持続可能な開発委員会（CSD）」が審議の場となるはずであった。しかし、その権限強化と理事会への格上げは決定されなかった。

■変質する国連会議——一国一票制が消える

ヨハネスブルグ・サミットに先立つ七月、七日、ニューヨークで、「議長の友だち」と称する非公式の会合が開かれた。そこでは、「ウィーン方式」と呼ばれる議事の進め方に途上国側が懐柔され、それまでの開発資金や貿易に関する南北間の対立構図は消えた。

そもそも「議長の友だち」なる会合は、カナダのカナナスキスで〇二年に開かれたG8サミットで、オブザーバーとして参加した南アフリカ共和国のムベキ大統領が提案して、G8の了承を取り付けたものだと言われる。それは、WTOの非民主性・非透明性の象徴として途上国やNGOから批判の的になってきた「グリーン・ルーム」方式に酷似している。

国連会議の準備過程で悪名高いWTO方式がとられたのは、ゆゆしき事態である。「議長の友だち」会合には、南アフリカのズマ外相が指名した二七カ国が参加した。G8をはじめ、スウェーデン、スペイン、デンマーク（EU議長国）、ノルウェー、インド、インドネシア（バリ準備会議議長国）、中国、ヨルダン、サモア、ジャマイカ、メキシコ、アルゼンチン、ブラジル、ベネズエラ、エジプト、ウガンダ、ガーナ、セネガル、ナイジェリアだ。

ウィーン方式とは、一説によれば、生物多様性条約のカルタヘナ議定書の最終審議がウィーンで開かれたときに採用されたという。この審議方式では、会議参加国代表が地域別にグループをつくり、発言はグループを代表する一人に限られる。しかし、アメリカ、カナダ、日本、オーストラリア、ニュージーランド、それにEUに加盟していないスイスやノルウェーなどは、独立した発言権をもっている。

それは、これまでの国連の議事進行と、どう違うのだろうか？

国連の会議では、一国一票制が原則だ。アメリカ、カナダ、日本、オーストラリア、ニュージーランド、スイスなどの先進国は「JUSCAN」と呼ばれるグループをつくっているが、ほとんど個々に発言する（カナダとオーストラリアは、南北が対立する項目についてしばしば中立の立場で仲介役の役目を果たす。日本は常にアメリカに同調し、アメリカの意見を支持する）。

EUの場合は、議長国の代表だけが発言をするが、頻繁に会合を開いて意思の統一をはかる。そのたびに、国連の議事はストップする。また、途上国は「G77＋中国」グループを結成している。グループ内でコンセンサスに達した点については、その年のグループ議長国が発言をするが、不一致項目については個々に発言する自由がある。

これに対してウィーン方式では、G77＋中国は、どんな場合でも代表一人の発言しか認められない。グループ内に食料輸出国、石油輸出国、小島嶼国、後発途上国などを抱え、エネルギー、温暖化、農業協定などについて利害が対立する。しかも、一四〇カ国を超える大グループである。にもかかわらず、一票しかない。

一方、アメリカや日本などEU以外の先進国は、それぞれが発言できる。つまり、ウィーン方式の議事プロセスは、多数派の発言が封じ込められる、途上国にとって非常に不利な方式なのである。

■NGOを封じ込めるパートナーシップ

さらに、「パートナーシップ」と呼ばれる新しい方式が出現した。これは、同じ〇二年に開かれた子どもサミット・プラス・テンやモンテレー国連開発資金会議で部分的に試みられ、ヨハネスブルグ・サミットで国連会議の一部として正式に位置づけられたものである。

国連開発資金会議では本会議に並行して、パートナーシップをテーマにした政府・企業・国連機関・NGOによる複数のラウンドテーブル会議が開かれた。一つのラウンドテーブル会議の出席者は、約六〇カ国の政府代表に対して、企業が約一〇人、NGOは六人前後という割合である。NGO参加者を指名するのは国連事務局だ。NGO代表の一人に選ばれた私は会議の冒頭、議長を務めたルーマニア大使に、次のように要望し、質問した。

「この会議では、すべての参加者を平等に発言させてほしい。また、ここでの審議は、本会議ではどのような扱いになるのか？」

議長はこう答えた。

「各ラウンドテーブルでは、新しく提案された内容をメモにした、まとめが出る。今回は一二のラウンドテーブルが開かれ、それぞれのまとめは一つの文書に集約される。この文書は、本会議のモンテレー合意と同等の扱いを受ける」

モンテレー合意は政府間の合意であるから、加盟国政府は実施しなければならない。しかし、誰が、どのように、ラウンドテーブルのまとめを実施するのかは、いまも明らかになっていない。

ヨハネスブルグ・サミットでも同様に、本会議と並行してパートナーシップをテーマとした会議が開かれ、それは「マルチステークホルダーの対話」と改名された。ステークホルダーとは利害当事者の意味で農民、労働者／労組、女性、青年、先住民、科学者／技術者、地方自治体、企業、NGOの九つのメジャー・グループと規定された。つまり、NGOは利害当事者のひとつに封じ込められたのだ。しかも、NGOの活動分野は環境・開発・人権・軍縮という四つのカテゴリーに限定されていた。その結果、これまでのように非公式会議にオブザーバー参加し、ロビイ活動を展開できなくなった。つまり、パートナーシップの真の目的は、国連の新しいNGO対策だったのである。

すでに述べたように、国連は九〇年代以降、国際会議の審議にNGOを参加させる方向を確実にたどってきた。経済社会理事会の諮問資格をもっていなくても、会議のテーマで活動するNGOであれば、一定の手続きを経た後にオブザーバー参加を認めてきた。政府代表団にも加わり、発言した。

これは、政府が国家を代表して発言し、投票権を行使するという、長年の国際法のルールが崩れたことを意味する。国家は複数のアクターによって代表され、NGOが市民社会を代表して政府と肩を並べて国連総会に参加する日も近い、と言われた。だが、一方では、こうした動きに危機感を抱く国も少なくない。NGOに猜疑心を抱いているキューバや中国はもとより、イランやグァテマラなど保守的な国が、NGOのオブザーバー参加に異を唱えてきた。

ヨハネスブルグ・サミットでは、世界実施文書草案の審議は非公式会議とされ、最初の三日間、NGOの参加は五〇〇人に限定された。これに対して、オブザーバー参加の登録をした一万一〇〇〇にものぼるNGOが強硬に抗議。閣僚レベルの会議が始まった当日の八月二九日に会議の場所が広い会議室に変更になり、NGOの参加の門戸がやっと開けたのである。

こうした一連の経緯を見ると、明らかに、NGOのオブザーバー参加とロビイ活動の封じ込めを狙ったとしか考えられない。

第5章　グローバリゼーションと闘う人びと

チェコの警察隊と対峙するデモ参加者。2000年9月、IMF・世銀総会にて(写真提供・A SEED Europe)

1　一九九九年一一月、シアトルWTO閣僚会議

■二〇世紀最大の抗議行動

プロローグで述べたように、シアトルのWTO第三回閣僚会議には、世界各地から七万人の労働者、農民、市民、NGOが集まった。これは、史上最大のNGOの結集と言われた北京の世界女性会議への女性NGO参加者数と、一九九九年六月のケルン・サミットを人間の鎖で囲んだジュビリー2000のそれぞれ三万五〇〇〇人をはるかにしのぐ数である。

閣僚会議が始まる数日前から、シアトル市内では、ワークショップ、ティーチ・イン、展示会、演劇や音楽などの文化的行事が催されていた。

会議前日の一一月二九日には、シアトル市内でジュビリー2000（第6章参照）が債務帳消しを求めて、「人間の鎖」行動を行った。参加者は主催者の予想をはるかに超えて三万五〇〇〇人に達し、閣僚会議へ出席するためにシアトル入りしたアフリカ各国政府の代表たちの姿もあった。このデモのあおりを受けて、同じ時間帯にマイクロソフト社のビル・ゲイツ会長が招待した豪華なレセプションはガラ空きの状態になったという。すでに五七ページで述べたように、これはWTOの本質を物語る象徴的なできごとである。

一一月三〇日は、直接行動ネットワークの呼びかけで、早朝六時ごろから何千人ものデモ隊が会議場を包囲し、スクラムを組んで政府代表の入場を阻止。その結果、午前中に予定されていた開会式はキャンセルされた。午後には全体会議がスタートしたが、かろうじて数カ国の代表が演説しただけで終わってしまう。

一方、シアトルの中心街は一日中、WTOに反対する市民で占拠された。道路はさまざまな旗、プラカード、横断幕、巨大な人形であふれかえり、ドラムやトロンボーンの音が鳴り響き、ロックがボリュームいっぱいに演奏された。路上で繰り広げられたのは、WTOを暴く数多くの劇だ。WWFなどの巨大な自然保護団体が呼びかけたデモで海亀に扮した人が踊っているかと思えば、一方ではAFL—CIOが組織した二万人の労働者のデモがあった。これらに農民、市民、消費者団体、女性団体、さまざまなNGOが加わっていく。そのほとんどは平和的なデモであった。

夕方近くになると、「街頭を取り戻せ（RTS）[1]」など少数のアナーキスト（無政府主義者）グループが暴力行為を開始した。シアトルでは、グローバリゼーションを象徴するマクドナルドやスターバックスを襲撃。ショーウインドーをハンマーで壊したり、路上で火を焚いたりした。これが引き金となって、失業中の若者が宝石店で略奪行為を働いた。その映像をマスコミが繰り返し全世界に報道したため、デモ隊イコール暴力というイメージが定着したようだ。しかし、これは短い時間の、しかも少数の若者の行為にすぎない。

当日は朝から市民と警察との緊張が高まっていたが、この襲撃をきっかけに、警察は一斉に

（1）Reclaim the Street. ロンドンやニューヨークに本拠を置く環境アナーキストグループ。大半はグリーンピースの左派だったと言われる。シアトルの行為がデモそのものを批判する材料に使われたため深刻な自己批判を行い、以後、破壊行為を止めている。http://www.rts-gn.apc.org

デモの制圧に乗り出す。催涙ガスを放射し、ゴム弾を発射し、目に唐辛子スプレーをかけた。夜になると、シアトル市長が中心街に戒厳令を敷き、一九時から翌朝七時まで六〇区画を外出禁止にした。警察は無差別逮捕を開始し、逮捕者の数は一〇〇〇人に達する。その多くは非暴力デモの参加者であった。こうして、後に「シアトルの闘い」と呼ばれる一一月三〇日は暮れていった。なお、ほとんどの逮捕者は会議終了後に釈放されている。

しかも、この日のデモはシアトルだけではない。日本を例外として、ロンドン、パリ、ジュネーブ、ニューデリー（インド）、マニラ（フィリピン）など世界の主要都市でデモが行われた。その数は五万～七万人に達し、二〇世紀最大と言われる抗議行動となったのだ。

■多くの団体のネットワークが成功の秘訣

シアトルのデモをはじめとする一連の抗議行動にリーダーはいない。ただし、その背景には、複数の団体の精力的な活動と綿密な戦略があった。

まず、パブリック・シチズンの存在が大きい。パブリック・シチズンは、シアトル閣僚会議に向けて、「市民の貿易キャンペーン（Citizens' Trade Campaign＝CTC）」という国際的ネットワークをつくった。それは、労働、環境、農民、消費者、人権などの分野で活動している団体や法律家などから構成されている。そして、インターネットを通じて世界中のNGOに、WTOのミレニアム・ラウンドに反対する次のような趣旨の声明案への賛同を呼びかけた。

「多国籍企業は、国家の主権を超える存在となり、市民の生活を脅かしている。したがって、市民の立場に立つようＷＴＯの貿易交渉に要求する」

これに対して、六五カ国、六〇〇の団体とネットワークが署名したのである（九ページ参照）。日本では、二〇〇一年に解散した「市民フォーラム２００１」[(2)]が署名している。

パブリック・シチズンは九二年のミュンヘン・サミット（ドイツ）以来、企業弁護士のロリ・ワラックと刑事弁護士のマイケル・ドランを雇い、ガットやＷＴＯの交渉の秘密主義を暴いてきた。このときはドランをキャンペーン担当に任命し、ＮＧＯと市民の結集を進めていく。

また、ＡＦＬ－ＣＩＯが労働者に対してデモへの参加を呼びかけた。彼らは常に平和デモに徹し、もっとも穏健派に属する。このほか、農民や女性、開発、環境、人権などのＮＧＯ、ジュビリー２０００など数え切れない国際的ネットワークが、シアトルへの結集を呼びかけた。反核、反原発、反遺伝子組み換え技術、反人種差別、ゲイやフェミニスト運動、消費者運動、途上国との連帯運動、ＡＴＴＡＣなどの社会運動グループが、デモ参加者の大半を構成している。

これらのネットワークは、どちらかと言えば、ＷＴＯに対してさまざまな要求をしていくことで、その非民主的なあり方を変えていこうとする立場に立っている。一方、ＷＴＯそのものの存在を否定し、その解体を主張したグループもいた。なかでも、会議場への政府代表の入場阻止を呼びかけた直接行動ネットワークの存在は重要である。

マハトマ・ガンジーの非暴力・不服従運動に影響を受けている直接行動ネットワークは、会議が始まる数日前から、デモの参加者に対して、どのように政府代表の入場を阻止するかについて短期の講習を行い、インターネットにもそのテキストを載せた。

（２）一九九二年の地球サミットに向けて日本で準備を進めてきた、92ブラジル市民連絡会のメンバーが、アジェンダ21や気候変動枠組条約、生物多様性条約などサミットで決まった条約や声明を実行に移していくために結成したＮＧＯ。環境問題を機軸に、貿易や投資、エネルギーなどの問題を広く日本の市民にアピールした。http://www.jca.apc.org/pf2001jp/

第一に、デモの組織方法。グループは少人数を単位とし、それぞれ自立して行動し、リーダーの機能はグループ間の調整役にとどめる。第二に、非暴力の歴史と哲学。第三に、警察の弾圧にどう対処するか。警棒、催涙ガス、放水車などに対応する実践的な技術、阻止行動中の心得、逮捕されたときの法的な権利、拘置所内での連帯行動などである。

そして、当日は参加者に対して、言葉を含めて暴力行為を一切しない、武器や麻薬、アルコールを持ち込まない、他人の財産を破壊しない、という非暴力ガイドラインの尊重を求めた。さらに、救急医療班と逮捕者のための弁護士グループも準備した。

また、「街頭を取り戻せ」と「地球第一主義（Earth First）」というアナーキストのグループは、会議の数カ月前からインターネットで、「世界同時行動」を呼びかけていた。彼らは古典的な意味でのアナーキストではなく、資本主義を否定する実力行使派である。

2　二〇〇〇年四月、ワシントンＩＭＦ・世銀会議

■議事堂を囲んだワシントンの「人間の鎖」

シアトル会議がデモによって流会して以来、反グローバリゼーションのデモは急速に世界的

な潮流になっていく。

五カ月後の二〇〇〇年四月一五～一六日、ワシントンでIMF・世銀の春季蔵相会議が開かれた。

その一週間前の九日には全米各地から六〇〇〇人がワシントンに集合し、最貧国の債務帳消しを要求して、議事堂を「人間の鎖」で囲んだ。呼びかけた団体は、AFL—CIO、アメリカキリスト教協議会などの宗教界、地球の友などのNGOだ。

早朝から二〇〇台を超える大型バス、数え切れないほどの乗用車が、ノースカロライナ、ケンタッキー、ミシガン、ニューヨーク、ペンシルベニア、オハイオなど各州から到着した。一〇時間以上かけて来た人もいたという。カリフォルニア州などの遠方からは、飛行機で到着した。議事堂前で開かれた集会には、全米自動車労組、運輸労組、全港湾労組などの組合旗、ユダヤ教会の旗、五〇を超える大学の学生連合の旗、各州の州旗、そしてエチオピア、ペルー、ブラジル、エルサルバドル、フィリピン、ホンジュラスなどからの移住者の国旗が翻った。茶色の僧服のカトリック神父や紙の鎖をまとった子どもたちの姿もあった。

壇上では、AFL-CIOのジョン・スウィーニー会長、モザンビーク・ジュビリー2000のマノエラ代表、イギリス・ジュビリー2000のアン・ペティファァー代表などが演説。クリントン大統領の経済顧問ジーン・スパーリングも登壇し、「最貧国が、教育や医療費よりも多くの額を債務返済のために支払っているのはおかしい」というクリントンのメッセージを伝えた。そして、トランペットのファンファーレとともに、議事堂の周囲を「人間の鎖」で囲んでいった。ボランティアで秩序維持の指揮にあたったのは、地元の港湾・鉄鋼・新聞労組約二〇〇人である。

翌日には八〇〇人の代表がそれぞれ議員たちと面会し、債務帳消しに必要な予算措置に賛成するようロビイ活動した。

■「IMF・世銀はいらない」デモ

一六日には、一九九四年以来、反IMF・世銀キャンペーンを続けている「五〇年で、もうたくさんだ」をはじめ、世銀のプロジェクトによる環境破壊に反対するグリーンピースなどが呼びかけて、債務、女性、国際連帯などさまざまな分野のNGOの共同行動で、激しいデモを行った。掲げられたスローガンは「IMF・世銀はいらない」で、参加者は約三万人。前週の「人間の鎖」はIMF・世銀が債務帳消しを行うようにアメリカ議会に圧力をかけるという方針の平和的な請願行動だった。それに対してこのデモは、IMF・世銀の存在そのものを問うという対決型である。

ワシントンに本部を置き、常時、世銀に対するロビー活動を行っているNGO「バンク・ウオッチ」(3)は、「IMF・世銀の会議に対して三万人という大規模なデモが行われたのは、史上はじめて」と語った（それまでは、数百人規模にとどまっていた）。

シアトルに懲りた警察は厳しい警備体制を敷き、事前にIMF・世銀の建物に至る道路をすべて封鎖。これを突破しようとするデモ隊と警官との間で激しい衝突が起こり、六〇〇人以上

（3） Bankwatch. 一九八〇年代に創設され、ワシントンとサンフランシスコに事務所をもつNGO。世銀の開発融資プロジェクトに対するアドボカシー活動を行っている。

が逮捕された。

マスコミは、「首都ワシントンがこのような大デモに占拠されたのは七〇年代初頭のベトナム戦争以来である」と報道した。かつてのベトナム反戦デモ(4)は自国が介入した戦争への反対運動であったが、今回のデモは、遠いアフリカの貧しい人びとのためのデモという点に違いがある。情報のグローバル化が進み、インターネットが発達した今日、地球市民として他国の苦しんでいる人を思いやるという連帯の気持ちが、人びとをつき動かしたのだ。

3 二〇〇〇年九月、プラハIMF・世銀年次総会

■一日で終わった年次総会

二〇〇〇年九月二六〜二八日、チェコの首都プラハで開かれたIMF・世銀合同年次総会には、一八二カ国から大蔵大臣、中央銀行総裁、民間銀行頭取、NGOなど一万四〇〇〇人が集まり、史上最大規模の年次総会になった。私は、NGOとして年次総会に参加登録するとともに、抗議デモにも参加した。

会議は初日から、二万人の抗議デモに見舞われる。小高い丘の上に位置していた総ガラス張

(4) 一九六五〜七二年、ベトナム戦争に軍事介入したアメリカ政府に抗議して欧米・日本などで起きた大規模な反戦運動。アメリカでは、数万人に及ぶ学生・市民がホワイトハウスを取り囲んだ。アジアの共産主義化を恐れたアメリカ政府は、ホー・チ・ミン率いるベトナム民主共和国(北ベトナム)と対抗させるために南ベトナムを経済的・軍事的に支援し、六五年からは北爆を行った。だが、圧倒的な装備を持つアメリカ軍は、ベトナムのゲリラ戦・人海戦術に翻弄され、泥沼化する戦況と「大義なき戦争」に抗議して脱走する米兵も相次いだ。

りの会場からは、デモの様子や警察との攻防戦がうかがえた。会場からわずか五〇メートルの地点まで前進したグループもいた。さらに、それに続く街頭ゲリラ戦によって、各国の蔵相や中央銀行総裁、それに銀行の頭取たちは会場内に缶詰になってしまう。

深夜になって、彼らは地下鉄に乗せられ、郊外の公園に放り出された。日常、お抱えのリムジンしか乗ったことのない大臣たちにとって、すし詰めの地下鉄の中でつり革にぶら下がらなければならなかった経験は、屈辱的だったにちがいない。そして、寒さと疲労のなかで、地図を見ながら携帯電話でタクシーを呼んだ。しかも、やっとのことで宿舎のホテルにたどり着くと、そこにもデモ隊の「騒音の歓迎」が待ち受けていた。

翌日、大臣たちは先を争って帰国し、以後の会議は自然流会になってしまった。IMF・世銀当局は、「効率よく議事が進行したので、会議は二日間で終了した」と記者会見で発表。日本ではそう報道されたが、実際には、まともに開かれたのは二六日午前中の開会式だけだった。反グローバリゼーション派の完全な勝利である。

この直前にも、オーストラリアのメルボルンで開かれたアジア太平洋地域の世界経済フォーラム（ダボス会議、WEF）[(5)]が、グローバリゼーションに反対する若者たちのデモによって流会に追い込まれるという事件があった。同じオーストラリアのシドニーでオリンピックが開かれた直後ということもあって、シアトルやワシントンのようなマスメディアの報道はなかったが、これも注目すべき事件である。高い参加費を支払って参加した多国籍企業の代表たちは、観光を楽しむ余裕もなく、ほうほうの態で帰国したという。

（5） World Economic Forum. 一九七一年に設立され、スイスのジュネーブに本拠を置く。国連の経済社会理事会にNGOとして諮問資格をもつが、実態は世界の大企業一〇〇〇社以上から資金を調達し、それらのエリートを集めて開かれる財界のフォーラム。スイスの保養地ダボスで開催されるので、ダボス会議とも言われる。http://www.weforum.org/

■ＩＭＦ・世銀をめぐるＮＧＯの亀裂

プラハほど、ＮＧＯ間の戦略の違いが明らかになったことはない。

以前、私が参加した一九九四年のスペイン・マドリッドのＩＭＦ・世銀合同年次総会では、地球の友インターナショナルが事務局のボランティア・スタッフを提供。会議場内のＮＧＯルームでは毎日ＮＧＯが戦略会議を開き、問題のある融資プロジェクトについて世銀の理事にロビイ活動をした。しかし、その翌年、世銀にジェームズ・ウォルフェンソン総裁が誕生し、貧困削減を唱えてＮＧＯとの対話路線を打ち出して以来、ＮＧＯのなかで世銀に対する評価が分かれ出す。少なくとも、八八年に旧西ドイツの西ベルリンで行われたＩＭＦ・世銀合同年次総会に反対する一〇万人デモのスローガンであった「世銀は人殺しだ」などという言葉は、あまり見られなくなった。(6)

プラハ総会では、総会に参加の登録をしたＮＧＯは約三五〇団体（総人数は不明）だったが、「ビジター」という資格しか与えられず、開会式に出席を認められたのみである。ＮＧＯの戦略会議は開かれず、コンピュータが並んでいたＮＧＯルームを利用する者もほとんどいなかった。代わりに主流を占めたのは、ＩＭＦ・世銀の「対話路線」だ。しかし、実態はどうであったのか？

ＩＭＦ・世銀側は、地球の友インターナショナルやワールド・ビジョンなど(7)「お気に入り」のＮＧＯを司会に指名し、一方的に設定したテーマで、九月二三日から七日間、朝から夕方まで二時間ごとに連続シンポジウムを開いた。私は二七日に、「ＨＩＰＣ（重債務貧困国）イニシ

(6)　James D. Wolfensohn. 世銀の第九代総裁。一九九五年以来二期を務め、ＮＧＯなどとの「対話」姿勢を打ち出していると言われる。

(7)　World Vision. 一九五〇年に、朝鮮戦争による孤児の救援を目的として設立された、緊急救援と開発協力を活動の中心とするキリスト教系ＮＧＯ。http://www.wvi.org/home.shtml

アティブ」（第6章参照）や「市民社会の役割」などのシンポジウムに出たが、ほとんどがIMF・世銀の担当官が形式的な報告を行い、残りの三〇分にNGOが質問するという、不毛なパターンに終始した。NGOは、IMF・世銀側の広報活動の「ダシ」に使われただけなのだ。にもかかわらず、登録したNGOの多くはデモには参加せず、会議場内に閉じこもっていた。

ウォルフェンソン総裁は二八日の記者会見で、対話の相手としてオックスファム、地球の友、ジュビリー2000の名をしばしばあげて、言った。

「これらはお行儀のよい子たちで、外で暴れているのは悪い子たちだ。悪い子たちの気持ちはわかるが、中に入って対話をしなさいと言いたい」

私は、NGOがIMF・世銀と対話すること自体は賛成である。しかし、途上国の貧しい人びとの怒りを共有すると同時に、IMF・世銀に対抗する広範な人びとの闘いが背後になければ、対話は成り立たないと考える。かつてのベトナムで、解放戦線が米軍と戦場で闘いながら、一方ではパリでアメリカと和平交渉をしたことを思い出す。交渉するには、力をもっていなければならない。

もし、この場にそうした力があるとすれば、それはまさに街頭でデモをしている人びとではないか。私は、会場の外で激しい抗議デモが繰り広げられているなかで、ウォルフェンソン総裁とニコニコ笑って記念写真を撮っていた一部のジュビリーメンバーの態度には賛成できない。ましてや、オックスファムやユーロダッド（EURODAD）[8]のように、IMF・世銀のHIPCイニシアティブまで容認することについては、非常に批判的だ。

（8） European Network on Debt and Development. 一九九〇年に債務と開発フォーラム（FONDAD＝Forum on Debt and Development）のヨーロッパ支部として設立された、ヨーロッパ一五カ国四八団体にのぼるNGOのネットワーク。国際金融の枠組み、債務国に課せられる構造調整プログラム、HIPCイニシアティブ、債務削減戦略ペーパーなど債務問題に取り組んでいる。http://www.eurodad.org

一方、九七年のアジア通貨危機の発生以来、IMFに対する批判の声が高くなっていくのに対して、IMFもまた二〇〇〇年のケラー専務理事の就任とともに貧困削減を唱え、NGOとの対話路線を打ち出してきた。世銀と同様に、NGOを取り込み、利用しようとしている。

しかし、グローバリゼーション推進派のすべてがNGOとの対話を前向きに考えているとみなすのは間違いである。たとえば、ウォルフェンソン総裁がプラハのデモの翌日に記者会見し、「街頭の若者も世銀も、ともに貧困問題と取り組んでいる。静かに話し合うべきだ」と語ったことを『ファイナンシャル・タイムズ』紙の社説（二〇〇〇年九月二八日）は、「弱腰だ」と痛烈に非難した。同紙は、欧米の産業界の意見を代表している。つまり、多国籍企業の中心部分は、グローバリゼーションに立ちはだかるものを叩き潰すことをもいとわないのだ。

■反グローバリゼーション派のデモ

チェコ国内では、「経済のグローバリゼーションに反対するイニシアティブ（INPEG）」という統一組織が誕生。呼応する国際的なすべての反グローバリゼーションの潮流が合同して、二〇〇〇年春ごろからプラハで準備会合が続けられ、集会、劇、展示会、デモなどが企画された。だが、直前になって、警察の圧力で会場の使用が次々とキャンセルされてしまう。それでも、総会が始まる四日前から一週間、巨大な倉庫を利用したコンバージェンスと呼ばれた会場で、さまざまな市民団体によって六〇を超える集会が開かれ、デモも行われた。

INPEGは九月二六日を「グローバル行動デー」とし、グローバリゼーションに反対する二四時間闘争を呼びかけた。だが、シアトルで代表の会場への入場を阻止したような広範な非暴力・不服従行動は不発に終わった。これは、チェコの市民社会がまだ成熟しておらず、リーダーシップが発揮できなかったためでもある。チェコの市民社会にとっては、年次総会初日の大デモを準備するだけが精一杯で、細部にわたる戦術を組む余裕はなかったのだ。一方、警察は最後までこの大デモに対しては許可を出さなかった。

当日は、チェコ全土から一万一〇〇〇人の警官が招集され、さらに郊外には三〇〇〇人の軍隊が待機した。警察は総会が開かれる会場の防衛に集中。会場に接続する地下鉄の駅を閉鎖し、ヒルトン、インターコンチネンタルなど五つ星のホテルから、シャトルバスで代表を運んだ。そして午前一〇時、南アフリカ共和国のトラバー・マヌエル蔵相（白人）が議長となり、開会式が始まった。

ＩＮＰＥＧ側は、当日の朝まで一切の計画を秘密にする一方、マスコミにデモのルートや一日のスケジュールなどの偽の「計画」を次々とリーク。それらがテレビや新聞に報道された。たとえば、事前の情報では、朝九時にミール広場に全員が集合することになっていた。しかし、広場に集まったのは五〇〇〇人ほどで、実際には市内各所で集会が開かれたようだ。また、ミール広場の広報係は、「デモは三ルートに分かれ、もっとも安全なルートはピンクの旗、少し戦闘的なのはイエロー、そして弾圧に対処する研修を受けているデモ隊はブルーだ」と言った。しかし、ピンクの旗を掲げ、ピンクの風船を持っていたデモ隊は、実はもっとも戦闘的なブルー組であった。警察の目をごまかす、おとり作戦である。

一一時半、何の前触れもなしにデモが始まる。デモの最前列まで行って見ると、一五〇〇人前後の報道陣が群がっていた。開会式をほっぽらかしにして、デモの取材に駆けつけたのだ。ジャーナリストたちは、シアトルでの「騒動」の再現を期待していた。

事前にデモの詳細な計画を知っていたのは、国別・組織別のリーダーに限られていた。私のようなフリーランサーは、どれが本当のピンクのデモ隊か、なかなか見分けられない。ようやく見つけたそのグループでは、デンマーク・ジュビリー2000のトラック、イギリス・ジュビリー2000のなかで総会に登録しなかった人びと、フォーカス・オン・ザ・グローバル・サウスなどアジア人のNGOグループなどが歩いていた。

デモの進行とともに、続々と新しい部隊が加わってくる。イタリアのヤ・バスタ!(9)や、ギリシアの労組グループ(10)が現れると、一斉に歓声が起こった。参加者は二万人に膨れ上がっていく。デモの横断幕には、「IMF・世銀は人殺し」という過激なものもあったが、「利潤でなく、人間を」と「債務帳消し」がもっとも多かった。やがて三ルートのデモは、総会場の東、南、西の入口に到着。ピンク組が実際に歩いた距離は短かったが、長い間終点で停まった。イエロー組とブルー組が到着するのを待っていたらしい。

当初の計画では、ここで総会場を囲む「人間の鎖」をつくり、IMF・世銀の代表を外へ出さない作戦だったという。しかし、チェコ人リーダーたちは、最後までデモの許可が下りなかったこと、また、事前にマスコミに対して「非暴力デモである」と強調しすぎたこともあって、警察の恫喝に屈して午後一時すぎ、デモを解散してしまった。

(9) Ya Basta Association. アナーキストの青年グループで、「もう、たくさんだ」という意味。イタリア各地に小グループがあり、メンバーは一万人と言われる。ふだんは街頭でロックを演奏し、反グローバリゼーションデモがあると、全土から集合する。ヒエラルキーをつくらず、自律を旨としている。

(10) ギリシアでは、アナーキストや共産主義者が労組を握っており、ヨーロッパでもっとも戦闘的である。

だが、私が見たかぎり、ピンク組のデモ参加者でさえ解散する気はなかったと思う。人びとは、口ぐちに「催涙ガスにも逃げない」と言っていた。また、イギリスから来た六〇代の女性の一群は、座り込みをするのだと言ってイエロー組に移っていった。

■街頭ゲリラ戦と非暴力・不服従

デモ解散の直後、イタリア、ギリシア、ポーランドのアナーキスト団体が、ゲリラ戦を開始する。彼らが事前にリークした情報では、北から総会場に通じるヌスル橋を攻撃するはずだった。しかし、実際にはヒット・アンド・ラン戦術で、会場に通じる警備の手薄な道路に造られていた警察のバリケードを次々に襲った。武器は主として石だったが、火炎瓶も投げられた。ゲリラには、ブルー組だけではなく、ピンク組にいたギリシアの部隊も加わったようだ。彼らはあらかじめプラカードなど持たず、ナップザックの中に手製のガスマスク、ヘルメット、放水よけのビニールのレーンコートを入れていたらしい。

午後五時半には、総会場に隣接しているホテルが攻撃された。七時半にはヤ・バスタ！が到着し、代表を招待していたコンサートはキャンセルになる。彼らはその後、オペラ劇場近くのワンセスラス広場で、グローバリゼーションの象徴として、マクドナルド、ケンタッキー、ダイムラークライスラー、投資銀行などのウインドーを破壊。警察がゲリラを排除したときには、一〇時半になっていた。

ＩＮＰＥＧは翌日、「デモは平和的に終わった。われわれは、その後の暴力にかかわりはない。あれは一部の外国グループの暴走だ」という声明を出した。しかし、街頭ゲリラ戦に参加したヤ・バスタ!の行動を「暴走」と決めつけ、彼らは一握りの「破壊分子」なのだと言うだけで、よいのだろうか。

そもそも、INPEGは非暴力を強調していたが、ガンジーの非暴力は不服従とセットであることを知らなかったようだ。シアトルでは、直接行動ネットワークがみごとに指導して、非暴力・不服従行動でWTO会議を流会にした。ガンジーの言う非暴力・不服従は、その目的を果たすためには法を破ることも辞さないのである。

デモの中にいた私は、警察の弾圧を覚悟したうえで非暴力・不服従行動の用意が参加者の多くにあったと思う。ところが、INPEGの指導力の弱さと非暴力についての理解が間違っていたために、二万人の参加者による「人間の鎖」をつくることができなかった。それが成功していたら、大臣や総裁たちは、総会場を取り囲む「人間の鎖」をガラス窓ごしに眺めることになったはずだ。そして、その効果は、ゲリラ戦に勝るとも劣らなかっただろう。

街頭ゲリラ戦に参加したアナーキストの多くは、ヨーロッパの二〇代の若者だ。彼らは、グローバリゼーションに反対し、その帰結として「資本主義の打倒」を主張している。現在ヨーロッパの政権の多くは、グローバリゼーションを進める一方で、その犠牲者を社会的セーフティネットで救済しようとする社会民主主義である（アメリカのネオリベラリズムとは違う、修正資本主義と言ってよい）。なぜヨーロッパの若者がこうした社会民主主義に飽き足らず、過激な行動に参加するのかを考えなければならない。

また、プラハのデモの特徴は、二〇代の若者と五〇〜六〇代の女性が圧倒的な比重を占めていたことである。このお婆さんと孫のような年齢の取合せは面白い。私が話した範囲では、女性たちの多くは、七〇年代のネッスル・キャンペーン、八〇年代の反原発・反核デモ、(11)イギリスのグリーナム・コモン米軍基地への核ミサイルの配備計画に反対する女性たちの座り込み(12)などの経験者であった。

4　二〇〇一年七月、ジェノバG8サミット

■G8サミットが抱える困難と矛盾

イタリアのジェノバは二〇〇一年七月二〇〜二二日の三日間で、史上最大の反グローバリゼーション・デモの街として歴史に名を残すことになった。

わずか八人が会合するドゥカーレ宮殿を護衛するために、宮殿から半径二キロの地帯が立ち入り禁止の「レッド・ゾーン」に指定され、高さ七メートルのハイテクの鉄壁が築かれた。彼らが泊る一隻のクルーザーのために、すべての船が港から追放された。

レッド・ゾーンの外では、連日二五万人が抗議デモを繰り広げた（CNNは一五万人、イタリ

(11)　一九七九年にアメリカのスリーマイル島原発で起きた炉心融解事故によって、原子力発電に潜む危険性が広く認識された。さらに八六年、旧ソ連のチェルノブイリ原発が原始炉全体のメルトダウンを起こすという、史上最悪の事故が発生。これらの事故を機に、欧米・日本を中心に反核・反原発運動が大きな盛り上がりを見せた。

(12)　一九八二年一二月、三万人の女性たちが基地を人間の鎖で囲み、核ミサイル配備反対を訴えた。翌年に配備されたが、抵抗は続けられた。八九年、東西冷戦の終結とともにミサイルが撤去され、米軍が撤退したため、二〇〇〇年九月にその活動を終えた。

アのリベラルな新聞は三〇万人と報道したが、正確な数字はわからない)。デモ側に一人の死者と四五〇人の負傷者が出て、多くの店や車が破壊された。二七回目を数えたサミットで、これほど大規模な抗議デモに見舞われたのも、死者を出すほどの激しい衝突がデモ隊と警官との間で起きたのも、はじめてである。

これに懲りて、二〇〇二年六月のサミットは、カナダのロッキー山中にあるカナナスキスで開かれた。「世界最強」のリーダーたちが、世界の世論から孤立して、グローバルな課題を山中で議論しなければならなかったのだ。

サミットに抗議するために二五万人が集まったという事実は、無視できない。これは生半可な数ではない。G8首脳でさえ、デモ隊の暴力を非難しながら、「グローバリゼーションに反対する人びとの声に耳を傾けねばならない」ことも認めている。今後のサミットは、反対派と対話する「開かれたサミット」と、治安上「孤立するサミット」との間の矛盾を、どう解決していくのだろうか。

■広範な反グローバル化意識と警備の強化

ジェノバのデモに動員を呼びかけたのは、主としてイタリア、フランス、スペイン、ギリシアなど南ヨーロッパの国ぐにであった。その反グローバリゼーションについての意識は、どのようなものだったのだろうのか。

ヨーロッパで反グローバリゼーションの国内デモがもっとも激しいギリシアを、例にとってみよう。ギリシア最大の日刊紙『タ・ネア』の世論調査（二〇〇一年七月一六日）によると、グローバリゼーションとは「巨大多国籍企業の支配を意味する」と答えた人が五九％にのぼり、「ジェノバの反グローバリゼーションのデモに賛成する」と答えた人は五五％、「反対」と答えた人はわずか一〇％にすぎない。また、ギリシア共産党が呼びかけて、アテネで四一カ国の共産党が会合を開き、ジェノバのデモ参加を決定した。

アメリカでもヨーロッパでも、人びとはグローバリゼーションがもたらす貧富の格差の増大に怒っている。これに加えて、ジェノバで大規模デモが起こったのは、イタリア独自の理由がある。イタリアでは一九九六年、ベルルスコーニ政権に反対する社会運動の末に、プロディ中道左派政権が誕生した。しかし、プロディ政権が提唱した「社会的パートナーシップ」[13]は、人びとの期待を裏切るものであった。福祉や労働条件などに関する過去二〇年間の闘争で獲得してきた成果は、ほとんど奪われていく。実に多くの分野で民営化が進み、それは世界中の民営化の一〇％を占めるとまで言われる。[14]

その結果、人びとは現在のシステムに対して、「ノー」と言わなければならないと感じている。サミット開催直後に行われた経済紙『Solo24Ore』の調査では、六〇％の人びとがジェノバの反グローバリゼーションのデモを支持している。

一方イタリア警察は、反グローバリゼーションのデモに備えて、史上最大の警備体制を敷いた。七月一九日以降、ジェノバ空港と駅が封鎖され、EU市民であればEU内をビザなしで移動できるとした九八年の「シェンゲン協定」[15]を一時停止。国境での入国管理と荷物検査を強化

(13) 福祉、教育、医療などの分野で受益者負担、労働条件や賃金などの分野では労使間で負担をシェアするなど、一連の社会・労働部門での改革。

(14) バンク・ウォッチの資料による。

(15) Schengen Agreement. 一九九五年、ルクセンブルクのシェンゲンにおいて締結された協定で、EU域内は出入国手続きなしで通行できる。協定国は二〇〇二年時点でベルギー、ドイツ、フランス、イタリア、ルクセンブルク、オランダ、オーストリア、ポルトガル、スペイン、ギリシア、フィンランド、デンマーク、スウェーデン、ノルウェー、アイスランドの一五カ国（加入順）。なお、ノルウェーとアイスランドはEUに加盟していないが、同じ条件で通行できる。

した。さらに、途上国のNGOに対するビザ発行を拒否した。

この措置に対して、多くのNGOグループが、共同で抗議声明を出した。この段階では、イギリスのジュビリー2000や世界開発運動(WDM)[16]のようなアドボカシー組織も、ATTACのような社会運動も、「抵抗をグローバル化せよ」[17]や「街頭を取り戻せ」のような直接行動派グループも共同歩調をとっていた点に、注目しておきたい。

七月一八日、四五〇人のデモ参加予定者を乗せたロンドン発の「抵抗をグローバル化せよ」のチャーター列車が、フランス国境側で突然止められた。この組織は、数カ月前に結成されたばかりの直接行動派だ。指導者のガイ・テーラーは「デモをする権利さえ認めないのは、民主主義国家ではない」と抗議。この措置をめぐってフランス政府内、さらにフランス・イタリア政府間で、責任のなすりあいが起こる。

イタリア当局は、前述のレッド・ゾーンへの通路二四一カ所に厳重なバリケードを築き、その中の住民は特別な通行証の所持が義務づけられた。さらに、周囲には「イエロー・ゾーン」というデモ禁止地区を設け、二〇〇個の死体袋[18]、二〇〇台の放水車、多数のヘリコプター、三機の戦闘機、地対空ミサイルなどを準備。二万人の武装警官が配置された。イタリア警察は五つの異なる組織で構成されている。そのうちで日本の機動隊に当たる「カラビニエリ」と呼ばれる特殊部隊も動員された。

イエロー・ゾーン内で企画された、二〇日のデモの許可は下りなかった。アナーキストなど直接行動グループが、「レッド・ゾーンのバリケードを破壊するかもしれない」というのが、

(16) World Development Movement. 一九七〇年にイギリスで設立されたNGO。環境破壊につながるODAや武器輸出、IMF・世銀の構造調整プログラムへの反対運動などを通じて、貧困を生み出す原因となっている南北問題の解決をめざしている。http://www.wdm.org.uk/

(17) Globalize Resistance. グローバリゼーションに反対するグループ・個人のネットワーク。ロンドンを拠点に、イギリス各地に支部をもつ。http://www.resist.org.uk/index.htm

(18) 戦死した兵隊の死体を入れて運ぶ布製の袋。一見、寝袋のように見える。

不許可の口実である。

■ついに死者が出た

七月二〇日のグローバル行動デーは、非暴力・不服従行動の日だった。「非合法」デモになったので、参加者は、それぞれの信念にもとづいて、ある程度の混乱が起きることを覚悟していた。前日、ジェノバ社会フォーラムの主催団体・世界社会フォーラム(19)が「非暴力宣言」を起草。ヤ・バスタ!や、二カ月前のミラノ・デモ(20)で名をはせた「白い作業衣(21)」も含めて、ほとんどの参加団体が署名した。

デモは正午、カルリニ競技場を出発。「あなたたちは八人、私たち六〇億人」という横断幕が翻った。参加者は、無数のブロックに分かれていく。女性・子どもたちのピンク・ブロック、老人のシルバー・ブロック、スト中の金属労働者ブロック、イタリア左派労組ブロック、グリーンピース・ブロックなどが、それぞれのルートを歩いた。これに、国際的な救急班、弁護団、独立メディア(22)などが加わる。さらに、ヘルメット、ゴーグル、ガスマスク、赤・黄・白・黒・青などの防護具、救命具、救急箱などで「武装」した白い作業衣が、それぞれのブロックを防衛する形で配置された。

デモは、イエロー・ゾーンの中心街コルソ・ガスタルディ通りを進んだ。イタリアのデモは非常にゆっくり歩く。人びとは口ぐちに「ジェノバ自由区!」と叫んだ。

午後二時一五分、モンテビデオ通りとトレマイデ通りとの分かれ道に差しかかったとき、北

(19) サミットの開催にあわせて、グローバリゼーションについて四日間、議論した。参加者は六万人。

(20) 二〇〇一年五月一七日、ヤ・バスタ!と工場労働者が行った、自動車会社フィアットのリストラに反対する大規模な抗議デモ。

(21) White Overalls. 二〇〇〇年のプラハでのIMF・世銀総会反対デモで、ヤ・バスタ!のメンバー約一〇〇〇名が白いツナギ姿でデモの先頭に立ち、警察の暴力からデモ隊を守ったことから、イギリス、フィンランド、スウェーデンなどでも自発的に組織された。

(22) Independent Media. シアトルのデモ以来、フリーのジャーナリストやカメラマンたちによって結成されたネットワーク。

の方角に黒い煙が上がった。同時に、空からヘリの轟音がとどろく。

突然、何の警告もなく、空から催涙弾が降ってきた。マスクを用意していなかったほとんどのデモ隊は、涙を流しながら後退していく。ただちに救急班が、マスクと、催涙弾の毒を中和するための酢や水を配布する。しかし、数千人の腫れ上がった目をすべて治療することは不可能だった。

防護具を備えていた白い作業衣が先頭に出ようとした。ちょうどそのとき、前方からカラビニエリが襲いかかり、デモ隊に対して全面的な戦闘を開始する。催涙弾が水平に発射され、頭から血を流す者もいた。戦闘は約三時間続いた。

午後五時ごろ、デモ隊の一人がカラビニエリに射殺されたというニュースが飛び込んできた。彼の名はカルロ・ジュリアーニ。二三歳で、ローマ生まれのジェノバ市民だ。彼は三〇人のグループといっしょに、レッド・ゾーンから二〇〇メートル離れた広場で、カラビニエリの装甲車を石や棒などで攻撃していた。装甲車に近づいた彼が消火器を振り上げて、窓ガラスを壊そうとしたとき、車内から発射された二発の弾が彼の頭に命中する。カラビニエリは、実弾を配備していたのだ。

ついに、反グローバリゼーションのデモで死者が出た。だが、ジュリアーニの死は、この日の野蛮で卑劣なイタリア警察の血なまぐさい弾圧の、一つの極端な例にすぎない。

「死者が出た」という知らせに、デモ隊の緊張が高まる。人びとは「人殺し!」と叫びながら警察の車に投石し、ある者はごみ箱を引っくり返して火をつけた。ピンク・ブロックの一人の女性は勇敢にもレッド・ゾーンの鉄壁によじ登り、垂れ幕を吊るそうとしたが、ほとんど頂上にたどり着いたところで、警官によって引きずり降ろされた。

この日の負傷者は一五〇人に達した。うち五〇人近くは、ジャーナリストである。

さらに、カラビニエリは深夜、ケネディ広場にある独立メディアのインディメディア・センターと、デモの連絡委員会の会場となったディアス小学校を急襲した。彼らは棍棒で男女の見境なく殴りつけ、悲鳴が広場中に聞こえたという。カラビニエリの「暴行」は一晩中続いたそうだ。

■誰が挑発したのか

デモの最中、奇妙な光景が見られた。武装したカラビニエリの装甲車に、ドイツから参加した国際アナーキスト組織「ブラック・ブロック」そっくりの、黒服の男が大勢乗っていたのだ。

この黒服の男たちは、海岸沿いのもっとも美しい通りコルソ・イタリアで、銀行や車の販売店のウインドーを破壊し、路上の車に放火する一方、レストランを襲った。そして、「資本主義を倒せ（Capitalism Kills)」というアナーキストのロゴを壁にスプレイして歩いた。

さらに、彼らはデモの出発点であったカルリニ競技場に戻ろうとしていた人びとを襲った。その暴力は七時間にわたって続いたが、不思議なことに、警察は彼らを自由に行動させていたという。暴力行為の合間にカラビニエリと談笑していたという目撃証言が数多くある。黒服の男に投げ飛ばされた白い作業衣の大男は、「黒服の男はプロの殺し屋だった」と証言している。

デモの直後、黒服の男たちの挑発暴力行為をめぐって論争が起こった。

フランスのATTACは、黒服の男たちを「ブラック・ブロックだ」と断定して、非難する声明文を発表した。死者まで出した暴力の責任はイタリア政府にあるとしたうえで、第三の要因として、ブラック・ブロックの挑発行為があったと非難。彼らは警察に泳がされているばかりでなく、警察と関係があるとまで断言した。

ブラック・ブロックは、類似の複数のグループによる非公式なネットワークである。いつも黒い服を着ているところから、ブラック・ブロックと呼ばれる。アナーキストが多く、その勢力はアメリカとヨーロッパに広がっているが、イタリアに組織はない。

彼らが反グローバリゼーションのデモで最初に注目されたのは、三カ月前の四月にカナダのケベックで開かれた米州サミットに反対する大デモだ。このときは主としてアメリカ東部のブラック・ブロックが参加し、会場を取り巻く柵をグローバリゼーションの象徴として、各所で破壊した。しかし、決して柵の中までは入らなかったし、街と住民を傷つけないという原則をもっている。

ATTAC声明に対して、白い作業衣とヤ・バスタ!が反対声明を出した。

「われわれは、ブラック・ブロックの真の姿と、ジェノバで起こったことを、正しく見分ける義務がある。アナーキストやブラック・ブロックに罪を着せるのは間違っている」

二〇日のデモには、たしかに数千人のドイツのブラック・ブロックが参加していた。だが、彼らは銀行や大企業のオフィスを正確に狙い、決して仲間のデモ隊は攻撃しない。二一日の朝、ブラック・ブロックにインタビューしたオランダの記者によると、彼らはすでに帰国するために荷物をまとめており、「〝小便たれ〟の偽の黒服がやった暴力行為を怒っている」と語ったという。

反対声明は、こう述べている。

「ブラック・ブロックではあり得ない。ブラック・ブロックのやり口は、素早いことで知られる。しかし、黒服の男たちが銀行を襲い、金を強奪し、放火したときは、三〇分もかかった。その間、警察は到着せず、彼らは悠々と逃げ去った。しかも、カラビニエリが、レッド・ゾーンから遠く離れた場所で平和的なデモをしていた人びとに暴力を振るっている間、この黒服の男たちは白い作業衣を襲撃したのだ」

5　岐路に立つ開発協力NGO

■二つに分かれる反グローバリゼーション派

これまで見てきたように、一九九九年一一月のシアトル以降、WTO、IMF・世銀、G8

サミットなどに対する反グローバリゼーション派の抗議デモが続いてきた。それは、「多国籍企業に率いられたグローバリゼーション」「ネオ・リベラルなグローバリゼーション」に反対するという点では一致している。しかし、グローバリゼーションを推進しているWTO、IMF・世銀、それらを支配しているG7（ロシアを除く、以下同じ）に対してどのような戦略をとるかについては、大きく二つに分かれる。また、グローバリゼーションの象徴を力で破壊するアナーキストに対する態度も、両者は異なる。改めてここで整理しておこう。

第一のグループは、オックスファム、WWF、地球の友、クリスチャン・エイドなど、資金力の豊富な国際開発協力NGO、環境NGOである。こうしたNGOは少数の専門家集団だ。一般メンバーは会費や寄付で支えるが、活動の主体ではない。これまで国際機関や各国政府に対して、政策を変えさせるための提言活動やロビイ活動を行ってきた。それゆえ、交渉相手であるWTOやIMF・世銀の解体は要求していない。

第二のグループは、ATTACをはじめとする農民・労働者・女性などによる反グローバリゼーションの社会運動グループや、直接行動グループである。構成メンバーの意志や議論にもとづいて主体的に行動する。彼らは、こうした国際機関の解体を要求している。

デモの現場においては、後者のグループの力が圧倒的に大きい。したがって、国際政治の場で市民社会の代表を自認して提言活動やロビイ活動を続けてきた国際開発協力NGOは、運動の形態やグローバリゼーションの推進者に対する戦略を明らかにしなければならない岐路に立っているといえるだろう。

■クリスチャン・エイドとオックスファムへの疑問

二〇〇〇年七月の沖縄サミット[23]のとき、並行するかたちで日本ジュビリーが主催して、ジュビリー2000の国際会議を那覇市内で開いた（第6章4参照）。そこで、イギリス・ジュビリーだけが、同年末で解散すると表明した。その理由をイギリス・ジュビリーに対して資金・人材両面で最大の支援を行ってきたクリスチャン・エイドは、次のように述べた。

「二〇〇〇年以降は、WTO・貿易問題をキャンペーンの対象にする。債務を帳消ししても総額七〇〇億ドルにすぎないが、先進国が途上国の輸出製品に対して市場を開放すれば、途上国側に年間二〇〇〇億ドルが入るからだ」

クリスチャン・エイドはIMF・世銀の構造調整プログラム・融資を激しく非難するなど、政策提言活動では戦闘的である。だが、あくまで相手と交渉することが主要な活動であって、決して人びとを動員する運動体ではない。第6章で述べるように、九九年のケルン・サミット（ドイツ）でジュビリー2000のキャンペーンが万単位の「人間の鎖」を組織したことは、クリスチャン・エイドにとってある種の脅威であり、もはやジュビリーをコントロールできないと感じたようだ。

プラハのIMF・世銀合同年次総会におけるNGOとの対話で、拡大HIPCイニシアティブの改善を求められたウォルフェンソン世銀総裁は、このクリスチャン・エイドと同じ「言葉」と「数字」を使って答えた。

「債務帳消しより、貿易を自由化し、拡大を図ったほうが、より多くの資金が途上国に入る。

(23) 日本政府は九州・沖縄サミットと呼んでいるが、G7首脳が債務問題について決議したのは沖縄での会議だった。それゆえ、ジュビリー2000は沖縄サミットと呼ぶ。

債務帳消しは七〇〇億ドルだが、貿易を自由化すれば二〇〇〇億ドルがもたらされる」

しかし、この数字にはトリックがある。たしかに、ケルン・サミットでG7が公約した債務帳消しの額は七〇〇億ドルだ。だが、ジュビリー2000が要求していたのは、少なくとも重債務貧困国四二カ国の債務の全面的帳消しで、総額二〇〇〇億ドル以上であった。この帳消しが実現すれば、恩恵を受けるのは貧しい人びとである。少なくとも、帳消しで浮いた資金で、初等教育とプライマリー・ヘルスケアの予算が倍増する。

一方、先進国が途上国の製品に市場を開放するかどうかは、WTOでの「実施」問題である(第3章参照)。実行されれば、中所得国のブラジル、中国、インドなどが恩恵を受けるが、もっとも貧しい国やそこで暮らす人びとに恩恵は及ばない。しかも、貿易によって得る利益は、輸出総額から生産コストを除いたものである。決して二〇〇〇億ドルがそのまま途上国の収入になるわけではない。

また、オックスファムは二〇〇二年四月、「貿易を公正に変えよう(Make Trace Fair)」キャンペーンの報告書を発表した(24)。その中心テーマは、「先進国の市場を途上国に一〇〇%開放せよ」というものだ。これに対して、反WTOキャンペーンを行ってきた、インドのバンダナ・シバ、フィリピンのウォールデン・ベロー、マレーシアのマーティン・コー、ジンバブエのヤシュ・タンドン(南東アフリカ貿易情報交渉イニシアティブ=SEATINIの代表(25))などが反対の声明を出した(26)。彼らはこう主張している。

「批判すべきは、WTOの貿易自由化政策である。これがグローバリゼーションを推進して

(24) http://www.maketradefair.com/

(25) Southern and Eastern African Trade Information and Negotiations Initiative. 南側諸国の貿易、援助、人権、環境などに関する情報分析の国際ネットワークであるISGN(International South Group Network)が主導して、二〇〇一年にジンバブエのハラレで創立。グローバリゼーションのもとで不利な立場に置かれているアフリカの状況改善のために、各国政府官僚レベルも含めたアフリカ内でのネットワークを組織している。

http://www.seatini.org/

(26) バンダナ・シバ、ウォールデン・ベローらのオックスファムのキャンペーンに対する批判は、以下のサイトで読める。http://www.maketradefair.com/stylesheet.asp?file=28052002192914&select=2&subcat=3&cat=3

いるのだ。先進国の市場開放をおもな目標にすべきではない。また、南の貿易を増やせということは、ＩＭＦ・世銀・ＷＴＯが推進する輸出依存型開発政策の推進にほかならない。これは、アジアの新興工業国の政策であり、九七年のアジア通貨危機に際して、その弱点が露呈した。こうした苦い経験から、今回のキャンペーンには反対である」

こうした南のＮＧＯや地域ネットワークは、国際開発協力ＮＧＯから資金援助を受けている。したがって、公然とオックスファムを批判するのは勇気がいる行為である。

公正な貿易の要求は正しい。しかし、貿易の拡大が、魔法のように南の貧困を解決することはない。私はまず第一に、南の貧しい人びとの食料の安全保障を確保すべきだと考える。クリスチャン・エイドやオックスファムに見られる動きは、これらの国際開発協力ＮＧＯが、街頭に出て行動する社会運動とは違う方向に進もうとしている現れではないだろうか。

第6章　最貧国の債務の帳消し

2000年7月、沖縄サミットにあわせて開かれたジュビリー2000の国際会議には、アフリカ各国からも多くの参加者が駆けつけた（写真提供・途上国の債務と貧困ネットワーク）

1　ケルン・サミットでの「政治的勝利」

■ジュビリーの由来と運動の広がり

一九九〇年、全アフリカ・キリスト教協議会は「キリスト生誕二〇〇〇年というお祝いの年に、アフリカの貧しい国ぐにの重い債務を帳消しにしよう」という呼びかけを行った。「ジュビリー2000」という言葉が使われたのは、このときがはじめてだろう。

そもそもジュビリーとは、旧約聖書に記された「ヨベルの年」からきた言葉である。それは、七年を七度数えた年の翌年にあたる五〇年目の年を指す。古代イスラエルでは、その年の到来を、角笛（ヨベル）を吹いて人びとに知らせた。旧約聖書のレビ記には、「国中に自由が宣言された」と記されている。すべての債務は帳消しにされ、奴隷も解放されたという。言い換えれば、それは社会正義の制度である。ただし、実行されたという確証はない。

ジュビリー2000は、この社会正義の理想を現代に蘇らせようとするものだった。世界中の人びとが二一世紀の到来を心から祝うためには、まず、地球人口の四分の一にあたる一五億人が直面する絶対的貧困を根絶し、二〇世紀が生み出した貧困という不正義を二一世紀に持ち越してはならない。この貧困の大きな要因のひとつが、貧しい国の返済不可能な債務である。

（1）Catholic Agency for Overseas Development. イギリスで一九六二年に設立され、第三世界の貧困問題に取り組んできたキリスト教系NGO。教育・保健などの開発プログラムに対する資金援助のほか、紛争や自然災害などの際の緊急救援活動も行っている。http://www.cafod.org.uk/about/who_we_are.shtml

九四年一一月にはローマ法王が、『二〇〇〇年の到来』と題する書簡で、キリスト誕生二〇〇〇年を祝うために、貧しい国の対外債務の帳消しを呼びかけた。これが、ローマ・カトリック教会の枠を超えて、キリスト教会すべてを巻き込んでいくきっかけとなる。

そして、イギリスで九六年、キリスト教系三団体(クリスチャン・エイド、CAFOD、チャーチ・ミッション・ソサエティ)[1][2]とオックスファムによって、ジュビリー2000のキャンペーンが始まった。九七年には、国際自由労連がキャンペーンへの参加を決定する。このような国際市民社会のすべての構成員を包括する巨大な連合体の結成は、史上初である。

翌九八年六月のバーミンガム・サミット(イギリス)では、「二〇〇〇年までに貧しい国の債務の帳消し」を求めて、イギリス全土から集まった七万人が互いに手をつなぎ、「人間の鎖」で会場を取り囲んだ。これがジュビリー2000の国際キャンペーンの幕開けである。サミットの議長であったイギリスのブレア首相は、ジュビリー2000の代表に会い、最貧国の債務救済(帳消しではない)を約束した。このときは日本、ドイツ、イタリアが反対したため、めぼしい成果は得られなかったが、以後、先進国に次々と国内組織が誕生していく。

日本でも、九八年一〇月、債務帳消しキャンペーン日本実行委員会(Jubilee 2000 Japan)[3]が発足した。宗教界、労働界、市民団体、NGO、学者などによる幅広い連合体が形成されたのは、やはり日本ではじめてである。私は鷲尾悦也氏(連合会長、当時)と白柳誠一枢機卿(カトリック東京大司教区)とともに、共同代表の一人に選出された。九九年五月には、国会内に超党派の「最貧国の自立と債務帳消しを考える議員連盟」が誕生した。

(2) Church Mission Society. イギリス聖公会の信者を中心に一七九九年より続いている団体。二六カ国に活動拠点をもち、教会活動の支援など宗教に根差した活動と並行して、地域開発、保健、難民・移民の支援などを行っている。http://www.cms-uk.org/about.htm

(3) 一九九八年、カトリック教会、日本キリスト教協議会、立正佼成会、連合、IMF・世銀問題にかかわってきたNGOなどが債務帳消しを求めて結成。世界の他の地域のジュビリー運動とも連携をとりながら、日本政府へのロビー活動と並行して、日本の市民の関心を喚起する署名活動などを行った。二〇〇〇年末に解散し、運動は「途上国の債務と貧困ネットワーク(略称デットネット)」に引き継がれた。http://www.eco-link.org/jubilee/

日本のジュビリー2000は、九九年のケルン・サミット（ドイツ）に向けて国際的な運動と連動して、債務帳消しを求める五〇万人の署名を集めた。遠いアフリカの貧困を思いやり、同時に自分の懐から帳消しの費用を支出しなければならないことを納得したうえでの、貴重な署名である。これもまた、日本の市民社会の歴史では、はじめてであった。

ジュビリー2000のキャンペーンは、グローバリゼーションとの闘いに大きな啓示を与えた。国境を越えて人びとが集まり、グローバリゼーションを推進するG7、WTO、IMF・世銀など国際機関のサミットや会議の会場をデモで包囲するという運動がマスコミを通じて全世界にアピールできることを示したからである。

■債務の種類と債務削減の状況

ここで、債務の種類と、ケルン・サミットまでの債務削減の流れを簡単に整理しておこう。

国家の借金である対外債務は、民間銀行から借り入れる民間債務と、IMF・世銀などの国際金融機関や他の国家から借り入れる公的債務の二つに大分類される。そのうち公的債務は、二国間債務と多国間債務に分かれる。

二国間債務とは、債務国と債権国という二つの国の間で貸借が行われるもので、「ODA債務」と「非ODA債務」がある。前者は、ODAのうち借款という形で供与され、返済の義務が課せられるもの。後者は、先進国の企業が貧しい国に対して輸出を行う際に、輸出側の国の政府がかける貿易保険（輸出品の代金が支払われない場合、その分が相手国政府の債務となる）などである。

これに対して多国間債務とは、加盟国が拠出した資金によって運営されるIMF・世銀やアジア開発銀行などの国際金融機関から貸し付けられるものを指す（IMFと世銀の融資の違いについては第2章参照）。世銀の融資のなかには、第一世銀（IBRD）による開発融資のほかに、構造調整融資（第2章参照）、国際開発協会（IDA／第二世銀）による融資などがある。

一九五六年以来、パリで開かれてきた債権国政府の会議を通称「パリ・クラブ」[4]という。ここでは、債権国が集まり、途上国の二国間債務の返済繰延べについて話し合われてきた。途上国政府はパリ・クラブの合意事項を受けて各債権国を回り、繰延べの条件について交渉しなければならない。そのため、大変な負担となっていた。

八七年のパリ・クラブで、はじめて途上国の二国間公的債務の返済繰延べが行われ、この時点をもって、それ以前に発生した債務を「削減時点前」分、それ以後を「削減時点後」分と呼ぶようになる。通常パリ・クラブでは、前者のみが帳消しされる。

八八年にカナダのトロントで開かれたG7サミットで、後発途上国のなかの重債務国の二国間公的債務の繰延べや金利引下げなどが決まり、「トロント条項」と呼ばれたが、単に債務返済を先送りしたにとどまった。日本やドイツなどが債務削減に反対したためである。九四年のナポリ・サミット（イタリア）において、それまで債務削減に反対していた日本が合意して、重債務後発途上国の二国間公的債務を六七％削減する「ナポリ条項」が決まった。しかし、これによって実際に削減されたのはわずかな額にすぎない。九六年のリヨン・サミット（フラン

（4）一九五六年、アルゼンチンの対外債務の返済繰延べの協議のために、債権国がパリに集まったのが始まり。その後も、二国間債務の返済繰延べを債権国が話し合う場となっている。参加国は、アメリカ、カナダ、アイルランド、イギリス、イタリア、オーストリア、オランダ、スイス、スウェーデン、スペイン、デンマーク、ドイツ、ノルウェー、フィンランド、フランス、ベルギー、ロシア、オーストラリア、日本の一九カ国。

表2　IMF・世銀が当初定めた重債務貧困国（HIPCs）の地域別分類

アジア	ベトナム、ミャンマー、ラオス
中南米	ガイアナ、ニカラグア、ボリビア、ホンジュラス
中近東	イエメン
アフリカ	アンゴラ、ウガンダ、エチオピア、ガーナ、カメルーン、ガンビア、ギニア、ギニア・ビサウ、ケニア、コートジボアール、コモロ、コンゴ、コンゴ民主共和国、サントメ・プリンシペ、ザンビア、シエラレオネ、スーダン、セネガル、ソマリア、タンザニア、チャド、中央アフリカ、トーゴ、ナイジェリア、ニジェール、ブルキナ・ファソ、ブルンジ、ベニン、マダガスカル、マラウイ、マリ、モーリタニア、モザンビーク、リベリア、ルワンダ

ス）で、削減の割合は八〇％に拡大される。

続いて、九五年にコペンハーゲンで開催された国連社会発展サミットで、ＩＭＦ・世銀などの多国間債務を削減していくことがはじめて決議された。これはＮＧＯのロビイ活動の成果である。世銀が作成する「国別援助戦略」にもとづいて二国間のＯＤＡ供与額も決まるために、債務国側は何よりも優先して世銀など国際金融機関への返済を行わなければならず、また構造調整プログラムを忠実に実施する必要があった。二国間のＯＤＡが多国間債務の返済に充てられるという事態すら生じていたのである。

ＩＭＦ・世銀が九六年秋の合同年次総会で定めたいわゆる重債務貧困国[5]（ＨＩＰＣｓ＝Heavily Indebted Poor Countries, 表2）四三カ国の多国間債務四八〇億ドルのうち、四分の三にのぼる三六〇億ドルがＩＤＡからの借入れとなっている。融資の条件は緩いものの債務は債務であり、またＩＤＡ融資のかなりの部分が以前に借りたＩＤＡ融資の返済、

（5）その基準は、①九三年時点の一人あたりＧＮＰが六九五ドル以下であること、②九三年時点で債務合計額が輸出年額の二二〇％、もしくはＧＮＰの八〇％以上であること。二〇〇二年三月現在、認定国は四二カ国。

IMF・世銀や民間銀行への債務返済に充てられているという問題もある（IDAから借りた三ドルのうち二ドルはIMF・世銀への返済に使われる、と言われている）。

IMF・世銀は同じ総会で、債務削減の方策として「HIPCイニシアティブ」を決定した。重債務貧困国がこのイニシアティブによる債務削減の対象である「適格国」となるためには、九三年時点の一人あたりGNPが六九五ドル以下であり、債務総額が輸出総額の二二〇％以上、もしくはGNPの八〇％以上であることに加えて、IMF・世銀の構造調整プログラムを忠実に実施しているという条件を満たさなければならない。しかも、実質的な債務削減を受けるまでには、まず構造調整プログラムを三年間実施し、審査に合格したうえで、さらに三年間、構造調整プログラムを実施する必要がある。つまり、合計六年かかるのだ。

■ケルン・サミットの成果

九九年に入ると、六月に行われるケルン・サミットに向けて債務問題は大きく前進する。議長国となったドイツでは、債務帳消しに消極的であったコール政権が前年秋に退場し、社会民主党政権が誕生。ゲルハルト・シュレーダー首相は一月、二国間ODA債務の一〇〇％帳消し、IMF保有の金の売却[(6)]、HIPC信託基金への拠出などを含む、大胆な「ケルン・イニシアティブ」を発表した。続いて三月、IMF・世銀の春季蔵相会議を前に、イギリスのゴードン・ブラウン蔵相が「総額五〇〇億ドルの債務救済案」を提案。さらに、四月にはアメリカのビル・クリントン大統領が「七〇〇億ドルの債務削減」を提案した。ジュビリー2000キ

(6) IMFは時価にして約三二四億ドルにのぼる金を保有している（二〇〇二年六月現在）。一九七八年に金兌換制が廃止された後、国際金融において金が果たす役割は徐々に減っていく。各国の拠出金や債務返済などを通じてIMFにストックされていた金は、国際的な金融環境の改善目的に使われることになった。二〇〇〇年には、金売却で得た利益をHIPCイニシアティブのために投資に回した。

ャンペーンの国際的な広がりを意識したG7首脳たちのイニシアティブ争いが続いたのである。

ケルン・サミットに対する国際世論の関心も、高まっていく。八〇年代以降のサミットは、失業や通貨危機などのグローバルな経済的な難問を解決できず、とくに冷戦終結後はマスコミの関心も薄れ、無用論さえ出ていた。ところが、ジュビリー2000が「人間の鎖」でバーミンガム・サミットの会場を囲んだことによってマスコミの関心が高まり、皮肉なことにサミットが息を吹き返す結果になったともいえるだろう。

ケルン・サミットでジュビリー2000は、一六〇カ国、一七二〇万人にものぼる、債務帳消しを求める署名簿を提出した。(7) 同時に、世界中から集まった三万五〇〇〇人のメンバーが会場を取り囲んだ。

債務問題はサミットの中心的議題となり、G7は総額七〇〇億ドルの債務削減に合意した。うち二〇〇億ドルは二国間のODA債務の帳消し分である。サミット直後に開かれたジュビリー2000の各国代表による国際会議では、「これはジュビリー2000の政治的勝利」だと評価した。イギリス『エコノミスト』誌の表現を借りれば、「G7から七〇〇億ドルの債務削減の公約をもぎとった」のだ。

この七〇〇億ドルという数字は、二五〇億ドルというバーミンガム・サミットでの合意の三倍近い。この点では大きな前進だったが、重債務貧困国が抱えていた債務総額二〇〇〇億ドルの三分の一にすぎない。そもそもジュビリー2000は、「二〇〇〇年までに貧しい国の返済

(7) 署名運動はさらに続き、一年後の沖縄サミット時点では、一六六カ国、二三二〇万人にのぼった。これは国際的な署名としては最大規模で、二〇〇〇年度のギネスブックに記録された。

不可能な債務の全面的な帳消し」を要求していたのである。また、たぶんにG7首脳たちのPR用に粉飾された数字であることにも注意しなければならない（一四六ページ参照）。

そして、債務削減交渉の対象となる国の数は、バーミンガム・サミットの二四カ国から三六カ国に増えた。(8) とはいえ、それは、IMF・世銀がHIPCイニシアティブにおいて「債務削減適格国」と認定した四三カ国を下回っている。一方、二国間のODA債務については、一〇〇％の帳消しが決まった。これは九六年のリヨン・サミットで決まった八〇％に比べると、前進である。

ODA債務以外の貿易保険や輸銀融資などの二国間債務は、九〇％またはそれ以上の削減が決まった。これもまた、それ以前の八〇％に比べると前進といえる。

(8) ソマリア、スーダン、リベリア、ミャンマーなどの紛争当事国や人権侵害国などが対象からはずされた。また、アンゴラ、ナイジェリアなどは返済可能な国だとして対象からはずされた。

2 債務帳消しをめぐる攻防

■拡大HIPCイニシアティブの発表

しかし、ケルン合意は、三カ月後のIMF・世銀合同年次総会で、HIPCイニシアティブを見直した、「より深く、より広く、より速い」拡大HIPCイニシアティブが発表されたことによってＩＭＦ・世銀に乗っ取られ、骨抜きにされてしまった。

拡大ＨＩＰＣイニシアティブは、ＧＤＰが七三〇ドル以下であり、ナポリ条項などそれまでの債務削減の枠組みによっては債務の重圧から逃れられないと判断された貧困国に適用される。適用を求める債務国は、まず三年間にわたって構造調整プログラムを実施し、パリ・クラブから債務返済の繰延べを受けながら、マクロ経済、農業・工業などの部門別、貧困削減の三部からなる「貧困削減戦略ペーパー（ＰＲＳＰ）」(9)を作成する。

それをもとに、ＩＭＦ・世銀が従来の債務削減枠組みでは不十分という判断をした時点で、その国は「決定点（decision point）」に達したとされ、そこで取り決められた方針を実行しつつ、「完了点（completion point）」をめざす。完了点に達した時点ではじめて、従来の枠組みを超えた削減交渉に入る。だが、実際に削減が認められるのはそれから三年後である。債務国やＮＧＯなどからは、債務削減実施までの期間中、構造調整プログラムを実施しなければならず、完了までに時間がかかりすぎる点について、批判があがっている。

この新しいイニシアティブでは、重債務貧困国として削減の対象になった四一カ国（当初は対象国に入っていたナイジェリアが、後に理由を明らかにせずに除外された）中、半年後の二〇〇〇年四月までに削減交渉に入ったのは、ウガンダ、ボリビア、モーリタニア、モザンビーク、タンザニア（交渉に入った順）の五カ国にすぎない。しかも、多くの条件が付くため、削減額はわずかである。

(9) Poverty Reduction Strategy Papers. ケルン合意を受けて、ＩＭＦ・世銀が融資を行うための条件として、従来の構造調整プログラムに加えて提出させる戦略文書。作成過程に市民社会の参加を義務づけている点が新しい。

■ジュビリーの運動と相次いで発表された非ODA債務の帳消し

そこで、ジュビリー2000は引き続き二〇〇〇年四月のIMF・世銀春季蔵相会議に向けて、G7政府の責任を追及する国際キャンペーンを展開した。とりわけ、同年七月の沖縄サミットの議長国となった日本政府に、キャンペーンの矛先は集中していく。

まず、日本のジュビリー2000が、小渕恵三首相に対して債務削減を求める年賀状を送るキャンペーンを始め、首相に送られた年賀状は一万五〇〇〇枚にのぼった。これを伝え聞いたオーストラリア、イギリス、北欧諸国、バングラデシュなどのジュビリー2000が、小渕首相に対して、「沖縄サミットで債務削減問題に対する日本のイニシアティブを要求する」葉書キャンペーンを行った。

さらに、イギリスのジュビリー2000がロンドンの日本大使館で小渕首相宛ての債務帳消しの要請文を手渡し、以後、毎週火曜日に大使館前でデモを続けると宣言。スコットランド(10)をはじめ、北欧諸国、オランダ、インド、ケニア、ペルーなどのジュビリー2000も、それぞれ日本大使館や領事館に対するデモを始める。

日本のジュビリーも、二月一五日を皮切りに、毎週火曜日、外務省・大蔵省(現・財務省)に対して、沖縄サミットに向けて日本政府が債務削減問題でイニシアティブを発揮すること、日本が貸している二国間債務を帳消しにすることを要請して、デモを行った。そして、春季会議直前の四月一一日を火曜日行動の最終日とし、ケニア、ウガンダ、タンザニアのジュビリー代表とともに、「人間の鎖」で大蔵省を包囲した。

(10) スコットランドのエジンバラに、イギリスのジュビリー2000とは独立した組織が結成された。

その前日、森喜朗首相は国会において、「重債務貧困国の非ODA債務を一〇〇%帳消しにする」と発表した。明らかに、春季会議に向けたPRであったが、同時に、日本のジュビリー2000による翌日の行動を意識した発表でもある。

このとき日本政府が帳消しの対象としたのは、貿易保険から生じた債務で、総額は一四億ドルにのぼっていた。これはODA債務ではないので、後述する「債務救済無償援助スキーム」が適用されない。貿易保険は通産省（現・経済産業省）の管轄下にあり、帳消しのために法律を改正する政令が翌年六月に出された。

四月には、エジプトのカイロでEUとアフリカの首脳会議が開かれた。その席上、ドイツのシュレーダー首相が重債務貧困国の非ODA債務を一〇〇%帳消しにすると発表した。総額は五〇億ドルにのぼる。フランスのシラク大統領も、二一〜三年で非ODA債務七〇億ドルをすべて帳消しにすることを公約。さらに、他のG7政府も続くように呼びかけ、イタリアが同様な公約を行った。春季会議では、北欧諸国などG7以外の国も、非ODA債務の一〇〇%帳消しを公約した。

3 日本政府の債務帳消しの実態

■債務救済無償援助スキームへの固執

日本政府は、ケルン・サミットをピークとしたG7各国の債務帳消しへの動きのなかで、消極的な態度をとり続けた。「原則として、いったん貸した資金について帳消しはしない」というのが政府の主張であった。そして、帳消しをしない代替案として持ち出してきたのが、「債務救済無償援助スキーム」だ。

その仕組みは、債務の返済期限を四〇年間繰延べし、各年ごとに返済が確認された国に対して同額の「無償援助」を行う、というものである。この場合の「無償」とは、債務国が開発のために必要な物資の代金を日本政府が代わりに支払うというもので、その物資の購入リストは政府がチェックすることになっており、リストは部外秘とされている。それゆえ、日本製品を購入するよう相手国に圧力を加えているのではないか、という疑いをもたれている。

この方法についてはNGOから批判の声があがっていたが、日本政府は一貫して固執してきた。マスコミは、「ケルン・サミットで日本政府がODA債務の全面帳消しに合意した」と大きく報道した。しかし、全面帳消しをうたったG7の声明文には「二国間ベースで」「さまざまな選択肢を通じて」などの文章が挿入されており、これは日本政府が「帳消しはできない」と主張した結果の妥協の産物である。日本政府はこれをもって、「ケルン・サミットでは日本の債務救済無償援助スキームが『実質的な』債務帳消しであると理解された」と解釈した。

本来、債務救済無償援助スキームは、重債務貧困国を対象にして始まったものではない。実施されたのは一九七八年で、対象は、アジア・アフリカの低開発国一一カ国（アフガニスタン、イエメン、ネパール、バングラデシュ、ミャンマー、ラオス、ウガンダ、エチオピア、タンザニア、マラウイ、ルワンダ）と、石油危機で外貨不足に陥った六カ国（インド、スリランカ、パキスタン、エジプト、ケニア、マダガスカル）だ。この六カ国は、日本から多額の円借款を受けてきたが、石油危機による原油価格の高騰で外貨が不足したうえに、日本が変動相場制に移行して円高となり、債務総額が増えたのである。

その後、八八年と九八年の二回にわたってアフリカの低開発国一一カ国を対象に債務救済無償援助スキームの範囲を拡充し、九八年には重債務貧困国も対象となる。一方で、このスキームを適用するときは、構造調整プログラムや貧困削減戦略ペーパーを条件にしていなかったが、ケルン・サミット以降、重債務貧困国に対しては、それらを含めた拡大HIPCイニシアティブの適格国であることを条件にした。その結果、重債務貧困国のなかで債務元金の削減を認められたのはウガンダ一国にとどまった。

七八年以降、これまでに債務救済無償援助スキームの措置を受けたのは、バングラデシュ、ラオス＊、ネパール、スーダン＊、イエメン＊、エチオピア＊、タンザニア＊、ウガンダ＊、ルワンダ＊、アフガニスタン、マラウイ＊、インド、パキスタン、スリランカ、ケニア＊、マダガスカル＊、エジプト、ミャンマー＊の一八カ国である（＊の一一カ国は重債務貧困国）。ただし、対象は八七年以前の債務に限られている。

■実施されなかった公約

ジュビリー2000の葉書作戦と各地の日本大使館前のデモは、やがて先進国から途上国へと波及していく。日本政府は、これを「日本叩き」という低い次元でしか捉えられず、また沖縄サミットがシアトルのWTO閣僚会議の二の舞になるのではないかと恐れた。

そこで、日本政府は沖縄サミット直前の六月にジュネーブで開かれた国連社会発展サミット(11)で、債務救済無償援助スキームの取下げにつながる「ODA債務については条件なしに一〇〇%帳消しにする」という決議と、重債務貧困国四一カ国に限定してきた債務救済適格国を一挙にアフリカと後発途上国（四九カ国）全体に拡大する決議に同意（後発途上国には、重債務貧困国には含まれないが、日本の多額の円借款が焦げ付いているバングラデシュなどが含まれる）。「ODA債務の一〇〇%帳消しの実施については市民社会と協議していく」ことを公約した。

こうして、日本はケルン・イニシアティブから一年後に、帳消しの「公約」に関しては、ようやく他のG7と肩を並べることになった。それは、二年間に及ぶ日本のジュビリー2000のキャンペーンの成果であると同時に、国際キャンペーンの力によるところが大きい。国際キャンペーンがなければ、日本はG7のなかで一国だけ、公然と債務帳消しを拒否し続けたであ

(11) 六月二六日から七月一日まで開催。九五年の社会発展サミットにおける「コペンハーゲン宣言／行動計画」採択後五年の評価・検討が議題となった。

ろう。

ただし、国際政治では、「公約」と「実施」との間には大きな隔たりがある。「公約」は、しばしば「実施」されない。たしかに国連決議には加盟国政府を拘束する力はないが、日本政府は国連の場で自らが同意した事項を実施する道義的な義務がある。にもかかわらず、ケルン・サミットでの日本政府の「合意」はまったく「実施」されなかった。国連社会発展サミットでの「公約」も、翌月の沖縄サミットに向けた議長国政府のPRにすぎず、債務救済無償援助スキームの取下げの実施を引き延ばしていった。

4 沖縄サミットでの後退とジュビリーの合意

■債務救済対象国を半減したG7

一九九九年六月のケルン・サミットでは、G7は七〇〇億ドルの債務帳消しを公約し、その対象となる国の数を三六カ国と発表した。同年秋のIMF・世銀合同年次総会では「拡大HIPCイニシアティブ」が打ち出され、合同委員会議長を務めたイギリスのブラウン蔵相は、「二〇〇〇年中に一〇〇〇億ドルの帳消しを実行する」という楽観的な観測を述べる。しかし、実際には、一年後の沖縄サミットまでに拡大HIPCイニシアティブによる債務削減交渉に入った国は九カ国にとどまり、公約はほとんど実行されなかった。

沖縄サミットでG7首脳は、三六カ国という公約を無視して、債務救済の対象国について、この九カ国に一一カ国を加えた合計二〇カ国をめざすと発表した。しかも、帳消し総額は一五〇億ドルにとどまり、二〇カ国の債務総額の四六%が削減されるにすぎない。さらに、二〇カ国というのも、削減交渉を受ける決定点に達した国にとどまっている。そのすべてが実際に削減を受けるのは、二〇〇五年まで待たねばならない。

IMFは九九年一二月には、「二〇〇〇年中に拡大HIPCイニシアティブの決定点に達する国は二四カ国である」と発表していた。このように、六月のケルンでは三六カ国、一二月には二四カ国、そして二〇〇〇年七月には二〇カ国と、時を経るごとに、G7とIMF・世銀は債務救済対象国の数を減らしていったのである。

加えて沖縄サミットでは、対象国のなかから「紛争の影響下にある国」(紛争の当事国だけでなく、その周辺国も含まれる。一六一ページ表3参照)が除かれることになった。イギリスなどは、「紛争の解決を支援するためにも債務削減が必要である」として除外に反対したが、議長である森首相のリーダーシップがないためにアメリカの言い分が通り、除外が決定した。

■ジュビリー沖縄国際会議の開催

ジュビリー2000はバーミンガム・サミット以来、国際キャンペーンを展開してきたが、債務帳消しの対象となる国の選択は、各国ジュビリーの独自戦略に任されてきた。どの債務を、どれだけ帳消しにするかについて、統一見解はなかったのだ。

たとえば、イギリスのジュビリーは重債務に関する独自の基準を設けて、対象を五二カ国とした。これに対して日本のジュビリーは、G7首脳とIMF・世銀が四二カ国を重債務貧困国と規定し、債務救済の対象にしたのだから、少なくとも二〇〇〇年までにその公約を実施すべきだという立場をとっていた。

九九年一一月には、南アフリカ共和国のヨハネスブルグで、南アフリカ共和国、フィリピン、アルゼンチンなど途上国のジュビリーが主催する会議が開かれ、「ジュビリー・サウス」の結成が宣言された。ここでは、「すべての債務は不法であり、南側諸国の債務を即時全面的に帳消しにすべきである」と決議。あわせて、二〇〇〇年までに債務帳消しが実現しない場合、「債務の不払い宣言」を行うことに合意した。

このような、帳消し対象国をめぐる南北ジュビリーの対立を克服するためには、国際的に議論する場が必要となる。そこで、ジュビリー日本は沖縄サミットに先だって、那覇市でジュビリー2000の国際会議の開催を呼びかけた。二〇〇〇年四月には、G7首脳に対する要請文の草案を起草。インターネットを通じて全世界のジュビリー2000に送り、コメントや修正を求めた。それをもとに第二次草案を作成し、会議に臨んだ。

そして、参加者全員の討議を経て、G7首脳に対する要請書と、債務についての以下のような共通見解をまとめた合意文書が、満場一致で採択された。ジュビリー2000の国際的な団結が確認されたのである。この決定プロセスは、参加者から民主的であるとして高く評価された。

「帳消しを要求する南の債務とは、まず返済不可能な債務である。重債務貧困国では、政府が債務を返済するために、教育や医療・保健関連の予算が削られる。その結果、貧しい人びと、とくに女性や子どもたちが犠牲になっている。ユニセフ（国連児童基金）によれば、子どもの死者の数は一日一万九〇〇〇人にものぼっている。[12]貧しい人びとの教育、健康、そして生命までも犠牲にすることによって返済されている債務は、ただちに帳消しされるべきである。

次に、不法な債務も帳消しされなければならない。その筆頭は『汚い債務（Odious Debt）』、すなわち、フィリピンのマルコス、ザイールのモブツ、インドネシアのスハルトなど、独裁者や腐敗した政権に貸し付けた資金が私物化されたために生じた債務だ。

また、八〇年代初頭の金利上昇と債務返済繰延べ措置（リスケジュール）や複利によって増えた利子、開発プロジェクトの失敗、債務国通貨の下落あるいは債権国通貨の上昇による返済額の増大、債務国の輸出品（とくに一次産品）の国際価格の下落、世銀の誤った開発政策への融資などが債務を増加させていることが指摘された。これらはパリ・クラブやケルン合意では帳消しの対象になっていないが、発生の経緯を考えれば帳消しにすべきである」

(12) ユニセフ『子ども白書一九九九』。

5　債務帳消しへの新たな動き

■二国間債務の帳消し

アメリカ、イタリア、イギリスの三カ国政府・議会は、それぞれ方法、期間、プロセスは異なるが、二国間債務のすべてを帳消しにすることを二〇〇〇年に決定した。

クリントン大統領は一九九九年秋のIMF・世銀合同年次総会において、アメリカの二国間債務を四年間で一〇〇％帳消しにすることを公約していた。しかも、通常パリ・クラブでは帳消しの対象とならない八七年以降に発生した債務も、あわせて帳消しにすることを約束したのである。

アメリカのジュビリー2000は二〇〇〇年七月一〇日、債務帳消しを要求する五〇万人の署名を議会に提出した。この署名キャンペーンのおもな担い手は、全米キリスト教協議会やAFL–CIOなどの有力団体である。下院は翌日、二〇〇一年会計年度予算審議で、重債務貧困国四二カ国の二年間の二国間債務の帳消し予算として二億五〇〇〇万ドルの計上を可決した。しかし、これはクリントン大統領が要求した四億七二〇〇万ドルには、はるかに及ばない額であった。

以後、アメリカのジュビリー2000は全勢力を議会に対するロビイ活動に向けていく。その結果、一〇月になって議会は、四億三五〇〇万ドルの予算を承認。これで、前半の二年間分は公約が実現した。だが、残りの二年間分はブッシュ大統領が前任者の公約を破棄したため、今日に至るまで実施されていない。

また、イタリア下院議会は二〇〇〇年六月、通称「ミレニアム寛容の法案」と呼ばれる重債務貧困国の債務帳消し法案の討議を開始。バチカンとNGOの強い要請を受けて、最短審議で採択された。採択に至るプロセスは、その四カ月前に、(テレビで放映されていた)サンレモ音楽祭で人気ラップ・シンガーのジョヴァノッティの要請に応えて、ダレマ前首相が帳消しを公約したことに始まる。何百万人もが見ていたであろうテレビでジョヴァノッティが帳消しを訴えたことが、大きな影響を与えた。

政府原案は、下院の外務委員会で拡大修正され、帳消しの対象国は四二カ国から六七カ国に拡大した。ODA債務は三兆リラ(当時のレートで一〇〇リラ＝約五円、一五〇〇億円)、非ODA債務は五兆リラが、二〇〇二年までに帳消しになる。しかも、対象国以外でも、自然または人的災害に見舞われた国に対しては、ただちに帳消しにするという条項まで盛り込んでいる(貿易保険庁に対して、武器の輸出を規制するために年に一度の議会への報告も義務づけた)。

さらに、イギリスのブラウン蔵相は二〇〇〇年一二月、重債務貧困国四三カ国(ナイジェリアを加えている)にもっている総額一六億ポンド(当時のレートで　ポンド＝一六四円、約二六〇〇億円)にのぼる二国間債権を事実上放棄すると発表した。イギリスのジュビリー2000が主催した集会に出席して、「今後は四三カ国からの債務返済を受け取らない」と演説したのだ。沖縄サミットにおいては、二〇〇〇年中に債務救済を受ける国は二〇カ国であったから、残りの二三カ国からの債務返済も受け取らないと決定したことになる。ブラウン蔵相は、こう語ったという。

「あなたたちも私もともに、金持ち国がこれ以上、最貧国の債務から利益を得ようとは思わないだろう。本日をもって、イギリス政府は四三カ国に及ぶ累積債務国からの取り立ての権利を放棄する。四三カ国の債務返済分は、彼らが貧困削減計画を終了するまでの期間、特別な信託基金に積み立てておく。これは、そのうち九カ国が武力紛争下にあり、債務救済によって浮いた資金が武器購入にまわされるのを防ぐための手段である。また、今回の決定は、『二〇一五年までに貧困者の数を半分に減らし、すべての子どもが初等教育を受けられ、幼児死亡率を三分の一にまで減らす』という国連ミレニアム貧困削減目標への第一歩である」

イギリス政府のこの決定は、イギリスのジュビリー2000が四年にわたって債務帳消しのキャンペーンを続け、二年にわたって国際的なキャンペーンをリードしてきた成果である。なお、重債務貧困国四三カ国のイギリスに対する二国間債務の総額は二〇億ポンド（約三二〇〇億円）であり、貿易保険による債務が九六%を占めている。

■IMF・世銀の世紀末「泥縄」措置

一方IMF・世銀は、沖縄サミット以後に二カ国、年末には泥縄式に追加一一カ国と、債務救済交渉を行う。そして一二月二二日、拡大HIPCイニシアティブによる債務削減交渉を終えた国（決定点に達した国）が次の二二カ国に達し、削減総額は三四〇億ドルにのぼった、と発表した。ウガンダ、カメルーン、ガンビア、ギニア、ギニア・ビサウ、サントメ・プリンシペ、ザンビア、セネガル、タンザニア、ニジェール、ブルキナ・ファソ、ベニン、マダガスカル、マラウイ、マリ、モーリタニア、モザンビーク、ルワンダ、ガイアナ、ニカラグア、ボリビア、ホンジュラス。

沖縄サミットでの「二〇〇〇年末までに二〇カ国の債務救済」という公約にプラス二カ国である。ただし、コートジボアールとチャドの二カ国は決定点に達していたにもかかわらず、二一世紀に持ち越された。

たしかに、クーデターが起きたコートジボアールのように、債務国側の理由もないわけではないが、削減が遅れている原因はほとんど債権者側にある。たとえばガイアナでは、IMFが公務員の賃上げに賛成しておきながら、一方で財政緊縮を要求するという、矛盾した政策を押し付けている。ガイアナはHIPCイニシアティブの決定点に達しており、ケルン合意では当然削減交渉に入るべきであった。にもかかわらず、一時期はずされていたのである。

日本は最大の援助国と自称しているが、一方で、HIPCイニシアティブによる債務削減を辞退するように、債務国政府に圧力をかけている。事実、日本政府から「帳消しを受けるなら、今後、借款は供与できなくなる」と脅かされたガーナ、ベニン、マラウイ、ラオスのなかで、ラオスは債務救済措置の適用を辞退した。

■なぜ国家だけに破産が許されないのか

国家間の債務では、債権者であるG7、パリ・クラブ、IMF・世銀などが一方的に債務救済の枠組みを決め、債権者側の都合にもとづいて帳消しを行う。誰が、いつ、どのようにして、どの程度の削減を受けるのかについて決定権をもっているのは、債権者である。

通常、個人や会社の場合は、債権者がこのように一方的に債務の処理を行うことは考えられない。先進国では破産法が制定されており、これにもとづいて裁判所など中立の第三者機関が債務処理を行っている。しかし、国家には、破産についての国際法はない（第2章3参照）。

かつて一九世紀以前のヨーロッパには個人についての破産法がなく、借金が返せないと投獄された。しかも、その借金は息子や孫にまで受け継がれ、返せなければ彼らも投獄されたのである。一九世紀になって、ようやく個人についての破産法が制定された。そして、第三者機関が返済不可能な債務を整理し、債権者に大部分の債権を放棄させる。破産者は財産を失い、新しい借金はできないが、仕事に就いて収入は得られるし、選挙権を含めて公民権を保障される。借金が返せないために投獄されることはない。

法人の場合も同様に、会社更生法にもとづいて債務の処理が行われる。破産した会社の債務を経営者がかぶることはない。最近では民事再生法が制定され、裁判所から委託された弁護士や公認会計士が債務を調べ、支払い可能な債務額を決定する。債権者は、それを超える分は放棄しなければならない。

こうした破産処理の場合に重要な点が三つある。第一に、債務の管理や帳消しを行うのが銀行などの貸し手ではなく第三者機関である。第二に、返済不可能な債務は帳消しになる。第三に、破産した者には最低の財産、生命、働いて得る収入、公民権を保障されている。

だが、国家となると、まったく別だ。国家の破産を扱った国際法が存在しないから、破産できない。国家の抱える債務が返済不可能で、そのために貧しい人びとの教育、健康、生命が奪われたとしても、返済しなければならない。また、次世代、次々世代と永遠に支払い続けなければならない。これでは、孫の代まで投獄された一九世紀以前と変わらないではないか。

ケルン合意やＨＩＰＣイニシアティブのような債務救済措置においては、ベーシック・ヒューマン・ニーズや人権、ときには生命までも犠牲にして、債務の返済を優先させてきた。このような人道に反する行為をただちにやめ、法の秩序にもとづいた債務の帳消し措置をとるべきである。

■公正な債務審査機関の設置

Ｇ７各国のジュビリーでは、これまでの債務帳消しのメカニズムを批判し、新しい枠組みについて議論してきた。それは、具体的には二つの提案からなっている。

①地方政府の破産法をモデルにする

八七年以来、ウィーン大学経済学部のクニバート・ラッファー教授は国家破産法の制定を主張してきた。彼は、地方政府の破産についての条項があるアメリカ連邦破産法を途上国の債務帳消しの国際法に演繹し、国家破産法として重債務貧困国に適用すべきだとしている。

アメリカ連邦破産法の第九条は、地方政府が債務危機に陥った場合の条項である。それによると、州政府や市政府が債務を返済できなくなったときは裁判所が債務の処理を行うが、市民の福祉、医療・保健、人権の保障が優先される。そのうえで、帳消しとなる債務を規定し、債権者はそれを放棄しなければならない。ラッファー教授は、この第九条を重債務貧困国に適用できると主張するのだ。

②公正な協議の場を設ける

主権国家の債務帳消しに前記の破産法を適用する場合、国内の裁判所に相当する第三者機関は現在、存在していない。これまでは、G7、パリ・クラブ、IMF・世銀など、貸し手の手に判断が委ねられている。これに対して、G7各国のジュビリーは、国際的な債務問題解決の場として、より整合性のある、公正な、透明性のある、新しい独立した「債務審査機関」の設立を呼びかけてきた。

債務審査機関の設置にあたっては、まず、債権者（国・国際機関・民間銀行）と債務国の双方から同一人数の判事を選出する。次に、多数決で採決を行うために、双方が合意したもう一人を加える。そして、帳消しによって浮いた資金が貧困の削減と社会開発に優先的に使われているかどうかを監視する。あわせて、将来の融資受入れについても監視し、債務危機の再発を予防する。この考え方は、国連のアナン事務総長などからも支持を受けてきた。沖縄サミットに際してアナン事務総長がG7首脳に宛てた手紙でも、言及されている。

この債務審査機関は、暫定的・非公式な性格にとどまっても問題はないだろう。なぜなら、これまでのパリ・クラブなどの債務処理も、何ら国際法による拘束力をもたず、むしろ暫定的なまま実施されてきたからである。それは、債権者たちの政治的意図のもとで、債務国側には何のオルターナティブな選択肢も与えられずに行われてきた。

そして、債務審査機関の仕組みは柔軟でなければならないし、官僚的であってはならない。債権者と債務国の間の調整の場であるから、巨大な国際機構を必要としない。小規模な専門家による事務局が設けられるべきである。それは、債権者・債務国いずれの側にも属さない国連のもとに置かれる。事務局の任務は、国際的水準にもとづいた債務データの総合・比較化、会計監査、判事に対する技術的な支援、一定の基準にもとづいた利害関係者が参加する公聴会の開催などだ。

債務審査機関は、おもに三つの効果をもつだろう。

第一に、持続的な債務処理が可能となる。長い間、債権者は債務処理を独占してきたが、彼らは債務国の実状を理解していない。そのために完全な解決に至らず、しばしば救済を受けた債務国が再び債務危機に陥ってしまった。新しい仲裁プロセスによって、特定の債務国との債務救済協定がはじめて永続的なものとなる。

第二に、公平性が保証される。これまでのばらばらな対処方法では、返済繰延べや帳消しに難色を示す債権者による「ゴネ得」が起きかねない。この包括的な仲裁プロセスであれば、舞台裏で債権者同士が喧嘩することなく、対象となる債務国の問題を包括的に解決できる。

第三に、新規の投資意欲を生む。重債務貧困国に投資しようとする投資家は、その国の正確な経済のバランスシートを手に入れられる。これまでのように、新たに供与した資金が古い債務の支払いにまわされる危険もなくなる。重債務貧困国の投資環境が向上すれば、過去の不良債権と緊急に必要とされる資金との間に、いわば防火壁のような効果をもたらすだろう。

6 日本の債務帳消し運動の課題

ジュビリー2000は、「二〇〇〇年までに、もっとも貧しい国の返済不可能な債務を帳消しにする」ことをテーマに掲げた期限付きの国際キャンペーンであった。したがって、同年末には国内レベル・国際レベルともにキャンペーンを終え、解散した。しかし、債務帳消しの運動が終わったわけでは決してない。日本に対する重債務貧困国の債務総額は、二〇〇〇年度まで表3のように総額で約一兆三四八四億円にものぼっていた。

大規模な人数を動員し、短期間に記録的な数の署名を集めたジュビリー2000は、いわば短距離離走であった。二〇〇一年以降は、これをマラソンに切り替えていかねばならない。

二〇〇〇年までに最貧国の債務を一〇〇％帳消しにするという目標は、実現できなかった。IMF・世銀のHIPCイニシアティブも拡大HIPCイニシアティブも、ともにジュビリー

表3　日本に対する重債務貧困国の公的債務残高

(単位：億円)

国名		ODA債務		非ODA債務	合計
		円借款	米延払い輸出*		
02年末までに完了点に達した国	タンザニア	120	143	576	839
	ボリビア	538	0	74	612
	モザンビーク	0	38	68	106
	モーリタニア	84	0	0	84
	ウガンダ	62	0	0	62
	ブルキナ・ファソ	0	0	0	0
02年末までに決定点に達した国	ガーナ	959	0	9	968
	ザンビア	557	0	59	616
	ホンジュラス	323	0	118	441
	マダガスカル	161	134	80	375
	マラウイ	276	0	9	285
	コートジボアール	147	0	0	147
	ニカラグア	144	0	0	144
	ギニア	85	0	34	119
	セネガル	112	0	0	112
	トーゴ	90	0	0	90
	マリ	82	5	0	87
	カメルーン	79	0	0	79
	ベニン	38	0	0	38
	ニジェール	28	0	0	28
	エチオピア	0	0	16	16
	ルワンダ	15	0	0	15
	ガイアナ	0	0	1	1
	ガンビア	0	0	0	0
	ギニア・ビサウ	0	0	0	0
	コモロ	0	0	0	0
	サントメ・プリンシペ	0	0	0	0
	チャド	0	0	0	0
「紛争の影響下にある」として除外された国	ミャンマー	2,749	0	0	2,749
	コンゴ民主共和国	437	0	59	496
	スーダン	107	0	240	347
	ソマリア	65	0	0	65
	シエラレオネ	23	35	0	58
	リベリア	58	0	0	58
	ブルンジ	33	0	0	33
	中央アフリカ	6	0	0	6
	コンゴ	0	0	0	0
HIPC適格国からはずされた国	ベトナム	2,744	0	8	2,752
	ケニア	1,194	6	21	1,221
	イエメン	337	0	7	344
	アンゴラ	0	0	41	41
辞退した国	ラオス	49	0	0	49
合計		11,702	361	1,421	13,484

(注1)　2001年3月31日現在、短期債務は含まれない。
(注2)　＊は、かつて日本で米が余っていた時期に、代金後払いで米を途上国へ売っていたもの。現在は行われていないが、返済が済んでいない分が債務として残っている。
(出所)　外務省経済協力局、2002年12月。

2000にとっては受け入れられない内容である。最貧国以外の途上国の返済不可能な、かつ不当な債務の帳消し問題は、まだ取り組まれていない。公正で、透明性のある債務帳消しの仲裁プロセスには、どのような仕組みが必要なのか。そして、日本の二国間債務の一〇〇%帳消しをどう実現していくのか。ジュビリー2000のキャンペーンに結集した人びとともに、残された課題を解決するためには、どのような組織形態が望ましいのか。

ジュビリー2000の解散後、引き続き債務問題に取り組むために、日本実行委員会の加盟団体と個人は「途上国の債務と貧困ネットワーク（デット・ネット=Japan Network on Debt and Poverty）」を再編した。ネットワークは、沖縄のジュビリー2000国際会議で採択された二つの文書（G7への要請書、ジュビリー2000合意文書）を規範とし、次の三つを課題とした。

①債務救済無償援助スキームの廃止と重債務貧困国のODA債務の帳消し

九九年に設立された「最貧国の自立と債務帳消しを考える議員連盟」には、二〇〇〇年の総選挙後に新しい議員たちが加わった。この議員連盟とも共同して、外務省経済協力局に、二つの文書の実行を要求するロビイ活動を続けてきた（ただし、人権を侵害している政府は、改善されるまで帳消しを中止する）。それは、日本政府が二〇〇〇年六月に社会発展サミットで行った公約（一四七ページ参照）の実現を求めるものでもある。

②公正な債務帳消しの仲裁プロセスの実現

国際的なロビイ活動に参加し、実現をめざしていく。そのために、少人数からなる「IM

F・世銀実働部隊」を設け、HIPCイニシアティブの調査・研究、国際的なネットワークへの参加、学習会の開催などに取り組む。

③アジアやラテンアメリカ諸国の日本に対するODA債務の救済への取組み

この債務は、円借款によって生じたものである。とくに、フィリピンのマルコス、インドネシアのスハルトなどの独裁政権維持のために供与されたODA、開発プロジェクトが失敗して不良債権化したケース、八五年以来の円高により増えた債務、九七~九八年のアジア通貨危機で現地通貨の下落によって増加した債務などの検証が必要である(スハルト退陣後のインドネシアでは、INFIDなどのNGOによって、すでに取り組まれている)。

このうち①については、次に述べるように、遅ればせながら〇二年一二月に実現した。だが、②③については一層の取組みが求められている。

7 ようやく債務帳消しを発表した日本政府

■三年半後に実施された公約

外務省は一貫して、「債務救済無償援助スキームの見直しを検討中」であり、「債務帳消しはできない」と述べてきた。ところが、突如、二〇〇二年一二月一〇日、川口順子外務大臣の名で、「債務救済無償援助スキームを廃止し、重債務貧困国とその他一部の債務救済無償援助対象国の総額九〇八六億円にのぼる国際協力銀行（ＪＢＩＣ）[13]の円借款の債権放棄」を発表した（表4参照）。

これは、日本のジュビリー２０００による、一九九八年以来の粘り強い運動の成果である。しかし、九九年六月に小渕首相を含めたＧ７首脳会議で決定された「重債務貧困国の二国間ＯＤＡ債務については一〇〇％帳消しにする」というケルン合意の実施に、何と三年半の月日を費やしたことになる。この間に重債務貧困国の貧しい人びとが蒙った苦痛を考えると、憤りを感じざるを得ない。

外務省発表の一週間後、デット・ネットは債務帳消しの詳細について経済協力局との会合をもった。そこで外務省側が明らかにしたのは、以下の点である。

(13) 一九九九年、日本政府の行政改革の一環として日本輸出入銀行と海外経済協力基金が統合されてできた。資金規模では世銀をもしのぐ世界最大級の公的金融機関。途上国向けに開発資金を貸し付けるが、日本からのプラント輸出支援、日本企業の海外進出支援、資源確保などがその主目的である。

表４　外務省が発表した債務帳消し対象国

（単位：億円）

国名	金額
ミャンマー	2,735
バングラデシュ	1,467
ガーナ	964
ザンビア	550
ボリビア	534
コンゴ民主共和国	437
ホンジュラス	323
マラウイ	266
ネパール	194
マダガスカル	161
コートジボアール	147
ニカラグア	140
タンザニア	115
スーダン	107
セネガル	107
トーゴ	90
カメルーン	83
モーリタニア	82
ギニア	81
マリ	80
ソマリア	65
ウガンダ	62
イエメン	59
リベリア	58
ベニン	38
ブルンジ	33
ボツワナ	31
ニジェール	26
シエラレオネ	23
ルワンダ	15
ラオス	6
中央アフリカ	6
合計	9,086

（出所）外務省経済協力局、2002年12月。

①帳消し対象国は、IMF・世銀が規定した重債務貧困国のなかで日本が債権をもっている二七カ国と、拡大HIPCイニシアティブ適用外で債務救済無償援助スキームの対象国中から加えた五カ国（ネパール、バングラデシュ、ラオス、イエメン、ボツワナ）の、計三二カ国である。
②帳消しの対象となる債務は、〇三年三月末の円借款債務残高である。
③重債務貧困国については、IMF・世銀の拡大HIPCイニシアティブの枠組みで実施される。その結果、〇三年四月から帳消し交渉に入るのは、すでに同イニシアティブによって完了点に達しているウガンダ、タンザニア、ブルキナ・ファソ、モーリタニア、モザンビーク、ボリビアの六カ国で、ケルン合意にもとづき一〇〇％の債務が帳消しされる。
④債務救済無償援助スキームの対象国については、拡大HIPCイニシアティブのような条件（構造調整プログラムの実施など）は一切つけず、返済期限がきた額について順次、債権を放棄していく。ただし、これまで返済を滞納した分については帳消ししない。
⑤ミャンマー（ビルマ）、ウガンダ、マリなど重債務貧困国であり、債務救済無償援助スキーム対象国でもある場合は、拡大HIPCイニシアティブが適用される。
⑥円借款を供与してきたJBICが債権放棄を行い、そこで生じる損失はJBICの利益金を充てる。足りない分は、政府のODA予算からJBICへの交付金として支出する。
⑦重債務貧困国に含まれているにもかかわらず、ベトナムとケニアが帳消しの対象になっていないのは、両国政府が債務帳消しを辞退しているためである。

■軍事政権下のミャンマーを特別扱い

ところが、この会合直後の一二月二二日、日本政府はバンコクで始まった日本・ミャンマー経済構想支援会議で、ミャンマーに対する債権放棄の決定を表明した。ミャンマーの対日債務総額は二七三五億円で、今回帳消しの対象となる債務総額の三〇％を占めている。

ミャンマーは現在、非合法な軍事政権の支配下にあり、それを理由として先進諸国が援助を停止し、ＩＭＦ・世銀も融資を行っていない。そのため、重債務貧困国ではあるが、債務救済の交渉対象国から除外されてきた。また、ミャンマーは債務救済無償援助スキームの対象国でもあるから、前記の⑤が当てはまる。つまり、拡大ＨＩＰＣイニシアティブの枠組みで債務帳消しが行われるべきであり、本来ならば民主化が達成されるまで、債務帳消しは実施されないはずだ。にもかかわらず、政府発表による帳消しの交渉期日である〇三年四月以前に、例外的に前倒ししたのである。

今回の日本政府の帳消し措置は、ようやく他のＧ７諸国と肩を並べることになったという点では前進であり、債務帳消し運動としても評価すべきであろう。しかし、ミャンマーのような例が出てくると、その真意が、これまでの債務を帳消ししてＯＤＡ供与の再開を狙うところにあるとしか思えない。これは、国際社会の合意事項から大きくはずれている。

第7章　資本投機を規制する為替取引き税

死神のパフォーマンスで為替取引き税導入を訴えるイギリスのNGOメンバー(写真提供・War on Want)

1　貧困をなくす資金源としての為替取引き税

ジュビリー２０００キャンペーンの大きな目的は、貧困の根絶であった。しかし、債務帳消しだけでは、貧困はなくならない。せいぜい最貧国政府が債務返済の重圧から逃れ、医療や教育予算を増やせる程度だ。

一九九九年にイギリスのジュビリーが計算したところでは、最貧国の債務がすべて帳消しになっても、貧困を根絶するには、現行のＯＤＡに加えて年間一二〇億ドルの資金が必要であるという。現行のＯＤＡの枠組みでは不十分なのだ。先進国の経済は低迷しているが、貧困やＨＩＶ／エイズなどグローバルな課題に対処するためには、ＯＤＡを少なくとも倍増する必要があった。

ところが、七二年の第三回国連貿易開発会議において先進国政府が合意した「ＧＮＰの〇・七％をＯＤＡに充当する」という国際的公約すら、達成されていない。この公約を果たしているのは、オランダ、スウェーデン、デンマーク、ノルウェー、ルクセンブルクの五カ国にすぎず、先進国平均では〇・三％にとどまっている。アメリカは〇・一％、日本は〇・二％だ。しかも、冷戦終結後は減少傾向にある。

最近では、アフリカのエイズ問題が深刻化している（世界のＨＩＶ／エイズ感染者三六〇〇万人中、八〇％弱の二八〇〇万人がサハラ以南のアフリカに集中している）。この非常事態に対処するために、国連はニューヨークで二〇〇一年、「アフリカのエイズと闘う特別総会」を開催。アナン事務総長は、アフリカのエイズと闘うために年間七〇～一〇〇億ドルの特別な資金が必要であると訴えた。しかし、ここで先進国が約束した額は、わずか二〇億ドルにすぎない。

グローバルな課題を解決するために、巨額の資金をどのようにして調達すればよいのだろうか？　その答えのひとつが、現在は課税されていない為替の取引きに課税する為替取引き税（CTT＝Currency Transaction Tax，いわゆるトービン税）だ。為替取引き税は、国際的な為替取引きに〇・一％程度の課税をすることによって投機的な資本の移動に歯止めをかけるとともに、得られた資金を国内の社会保障と途上国への開発援助に充てようというものである。貧富の格差の増大をもたらす大きな要因である資本の極端な投機を規制し、貧困根絶の資金を捻出するために、導入をめざす取組みが国際的に広がってきた。

為替取引きは通常、貿易代金の決済、外国への投資、海外への送金などのときに、銀行を通じて行われる。それは必要不可欠のものであり、七一年のニクソン・ショックでドルと金の兌換制が廃止されるまで[1]、商行為のほとんど一〇〇％を占めていた。これは、実体経済にもとづく取引きである。

ドルと金の兌換制の廃止以降、為替レートは変動するようになった。さらに、第1章で述べたように、七三年の石油危機によって産油国に流入した大量のオイルダラーが、ヨーロッパ、

（1）　当時のアメリカ大統領ニクソンによるドルと金の交換停止の宣言（ドル・ショック、ニクソン・ショック）をきっかけに、主要各国が変動相場制に移行した。

アメリカ、日本の銀行に預金された結果、国際金融市場での投機的な資本移動は増加の一途をたどる。最近では、実体経済にもとづく為替取引きは、総額のわずか二・五%でしかない。残りは投機目的で行われている。実体経済にもとづいた為替取引きは、あるものは一年に一回、多くても一日に一回と、頻度が高くない。しかし、投機目的の為替取引きは、インターネットの発達により瞬時に行われ、取引き回数は莫大となる。

たとえば〇・一%という低い税率の為替取引き税を導入した場合、実体経済にもとづいた取引きにはほとんど影響しないが、頻度が多い投機目的の取引きにはある程度の打撃となり、抑制効果が出る。年間では総額二〇〇〇億ドルを超える税収が見込まれる(2)。

2 為替取引き税は、なぜ復活したのか

■国連開発計画による再提案

為替取引き税の提案は一九七二年にさかのぼる。ノーベル経済学賞の受賞者ジェームズ・トービン博士(アメリカのエール大学教授、一九一八~二〇〇二)が、投機的な為替取引きの抑制を目的として、為替取引きに対する〇・五~一%の国際的な課税を提唱した。博士は、これを

(2) ドイツ経済協力省の委託で、為替取引き税導入の可能性について報告書を発表したポール・スパーン博士の試算による。

「国際為替取引きという巨大な車輪の中に砂を撒いて進行を遅らせる」と表現した。

しかし、トービン博士の提案は、先進国政府や銀行など金融界の反対にあい、陽の目を見なかった。二〇年以上も忘れられた存在となっていたトービン税が再び提案されたのは、国連開発計画による九四年の『人間開発報告』においてである。続いて、九五年の国連社会発展サミットの決議草案に導入が記載されたが、本会議で先進国によって否決されてしまった。ちなみに日本の大蔵省は九四年に、「税金を課税するのも配分するのも各国政府の権限である」として、「トービン税のような国際税には反対だ」[(3)]と述べている。

かつてトービン博士が提案した国際税は、投機の抑制が目的だった。一方、国連開発計画が提案したトービン税は、貧困根絶のための新しい〝革新的〟(Innovative)な資金源と位置づけられていた(このころから、トービン税ではなく為替取引き税と呼ばれるようになる)。

その後アメリカ議会は大銀行の圧力を受けて、トービン税を国連文書に掲載することを阻止する法律を制定した。アメリカは多額の国連分担金を滞納しているにもかかわらず、「国連会議やその機関がトービン税を取り上げたり文書に記載した場合、アメリカ政府は分担金を支払ってはならない」という内容である。その結果、トービン税や為替取引き税についての論議は、アカデミックな国際学会や途上国寄りの国連貿易開発会議などの例外を除いて、国際政治の場では禁句になった。

(3) 社会発展NGOフォーラムと政府各省庁との政策対話における、大蔵省国際金融局の返答。社会発展NGOフォーラムは、九五年の国連社会発展サミットに向けて日本国内で組織されたNGOのネットワーク。サミットに市民の声を反映させるために、準備会合に対する意見書の提出などを行い、本会議に代表を参加させた。

■アジア通貨危機によって注目される

しかし、九七年七月のタイに始まり、インドネシアや韓国に飛び火したアジア通貨危機を契機に、トービン税についての議論は再燃する。

こうしたアジアの国ぐには、八〇年代なかばからの約一〇年間、年平均二桁というめざましい高度成長をとげた。それは、日本の円高への移行からバブル崩壊までの時期と重なる。八五年以降、これらの国ぐにに日本からの直接投資が殺到していく。

九〇年代に入ってバブル経済が崩壊すると、投資は激減するが、各国は高度成長を維持するために、外国からの資本流入をはかって金融を自由化し、為替制度をドル・ペッグ制にした。[4]タイの通貨バーツを例にとると、為替レートを一ドル二四〜二六バーツというわずかな変動枠内に抑えたのだ。これは、ほとんど固定相場制に近い。

さらに、国内の金利を年率一四%という高利にした結果、外国から短期資金が流れ込んだ。短期資金はきわめて投機性が高く、手っ取り早く利益を得ようとする。投資先は首都バンコクの土地や建物であり、バブル期の日本と同じ現象が起きた（日本と異なったのは、投機資金が外国からの短期資金であったことだ）。高騰した土地価格は当然ながら、ある地点まで行き着くと下落し、短期資金は海外に流出していく。それを助長したのがドル・ペッグ制である。

資金流出は九七年一月に始まり、七月には外貨が底をついた。こうして始まった通貨危機は、同年中にインドネシアや韓国へ飛び火していく。アジアに流れ込んでいた投機性の高い短期資金が、急激に海外に流出したのである。だが、タイ政府の財政が放漫であったり、貿易収

（4）為替相場や物価の安定をはかる手段として、自国通貨と主要国通貨（この場合、米ドル）とを一定のレートで無制限に交換する為替制度。実質的には固定相場制と等しい。

支が大赤字であったわけではない。当時、タイ経済のファンダメンタルズ（マクロ経済指数）は非常によかった。短期資金は実体経済の動向に関係なく、より高い利益、あるいは風評、デマ、政治事情などによって動くものなのだ。

アジア通貨危機は、世銀によって「アジアの奇跡」ともてはやされたアジア経済を破壊し、大量の貧困を生み出した。インドネシアでは、一挙に二〇〇〇万人が失業したという(5)。高利回りを求めた巨額の短期資金が無制限に為替市場をかけめぐることによって、とくに途上国経済を破壊しているのだ。これを「アリスの不思議の国をかけめぐる投機マネー」と評した人もいる（クリスチャン・エイド、二〇〇〇年）。そして、アジア通貨危機は為替取引き税の導入を再び国際政治の重要な課題にした。現在では、タイ政府は導入に賛成している。

(5) ILOの報告書（*Additional Insights on Indonesias Unemployment Crisis*）による。

3 為替取引き税の実現へ

■社会運動の盛り上がり

一九九八年六月、フランスに「市民を支援するために金融取引きへの課税を求めるアソシエーション（ATTAC）」が誕生した。現在、フランス国内に五万人の会員を抱え、EU各国、ラテンアメリカ、日本に支部がある。[6] 経済のグローバル化は多国籍企業と金融市場だけを利するものであり、社会的な不公正を増し、(社会サービスを行う主体としての)国家主権を侵し、民主主義を掘り崩していると主張。失業問題の解決、重債務最貧国の債務帳消しなどの予算措置として、国際的な金融取引きへの課税をめざし、国際的に注目される社会運動になっている。

ATTACの活動は九〇年代初め、郵便労組パリ支部長だったクリストフ・アギトンが、郵便公社の労組代表取締役に就任したことに始まる。取締役は組合活動を禁止されているが、取締会が開かれるのは一カ月に一度にすぎない。そこで彼は余暇を使って、国内の失業者の組織化を始め、「失業者協会(AC!)」[7]を誕生させる。AC!は九四年にフランス全土で大規模なデモを組織し、失業者手当ての増額やクリスマスのボーナスを政府に要求した。しかし、社会党政権であっても、ない袖は振れない。

そのとき、アギトンをはじめAC!や学者たちが、投機マネーに目をつけた。こうして、「為替取引きに課税し、それをフランスと第三世界の貧困根絶に使う」ことを目的にしたATTACが誕生したのである。その提案を月刊誌『ルモンド・ディプロマティーク』が支持して、誌上キャンペーンが始まった。

一方アメリカでは九八年、「トービン税イニシアティブ」[8]が発足した。これには、全米法律家ギルド、地球の友、AFL-CIO、全米キリスト教協議会などの大組織が賛同している。アメリカの運動スタイルは、草の根型だ。バークレイなど西海岸の小都市の市議会に為替取引き税導入宣言を採択させ、州レベル・全国レベルの運動へ広げていくスタイルをとっている。

(6) アタック・ジャパンのサイトは、http://www.jca.apc.org/attac-jp/japanese/

(7) Agir ensemble contre le Chômage! 失業に対抗して共に行動しよう(「もうたくさんだ」という意味もある)。フランスで一九九三年に設立された失業者の連帯組織。AC!が中心となって九四年春に数週間をかけてヨーロッパを横断した「失業者の行進」は、参加者三万人という規模になった。http://www.ac.eu.org/index.htm

(8) カリフォルニア州を拠点に一九九八年から始まった、トービン税導入を求めるネットワーク。トービン税について一般に広く情報を伝える活動や、議員などへのロビイングを行っている。http://www.ceedweb.org/iirp/

日本でも、労組やキリスト教会が為替取引き税導入を決議してきた。たとえば連合は、加盟している国際自由労連が導入に熱心なところから、定期大会で毎年、導入に関する決議を採択している。世界キリスト教協議会が九八年にジンバブエのハラレで開かれた第八回総会で導入推進を呼びかけて以来、日本キリスト教協議会も毎年、決議してきた。

そして、二〇〇一年にATTACのベルナール・カッセン代表が来日したのをきっかけに、ATTAC日本支部が誕生した。しかし、日本ではトービン税はおろか、為替取引き税について研究・政策提言している学者・研究者はほとんどいない。とくに、国際金融関係の学会はネオリベラリズムが支配的であり、反対ないし無視の立場をとっている。一方、ふつうの市民が生活に無縁と思われている為替取引きを理解するのはなかなかむずかしい。しかし、日本人の貯蓄率が世界一で、投機マネーの原資はこうした人びとの預金や各種保険金であることを忘れてはならない。

七〇年代のトービン博士に代わる為替取引き税の論客は今日、カナダ大蔵省にいたロドニィ・シュミット博士と、元IMFのスタッフだったドイツのポール・B・スパーン博士である。

シュミット博士は、銀行間取引き市場で徴収する方式を提案した。通常、銀行は一日に何千回もの為替取引きを行っている。それは一定の場所で集計され、最終の支払い、振り込み、決済が行われる。各国の決済制度は、中央銀行や市中銀行が不渡りの危険性を減らす（あるいは取り除く）ために、ますます集中化され、規格化され、規制されている。(9) したがって、為替取

(9) 金融機関を通じた資金の支払い処理を決済という。一日のうち何回か一括決済する方式が長くとられていたが、一九八〇年代後半より、一つの取引きごとに決済していく即時決済システムが世界的潮流となった（日銀は二〇〇一年に導入）。これは、ある金融機関が破綻した場合に、別の金融機関が資金不足によって連鎖破綻することを防ぐためである。

引き税は、多くの税のなかで脱税がもっともむずかしい。

国内の支払制度で為替取引き税を導入すれば、中央銀行は、これに非協力的な制度――オフショア取引き(10)やタックス・ヘイブン(11)との取引き――を拒否できる。たとえばカナダが導入すれば、タックス・ヘイブンとして知られるケーマン諸島（イギリス領）は、カナダ・ドルを売り買いできなくなる。

スパーン博士は、為替取引き税は一国レベルでも課税できると主張する。そして、二層の課税を提案した。まず、通貨の一定の変動率を決め、その範囲内で少額の税を課税する。この変動率を上回った場合は、さらに懲罰的な税をかける。一方では、中央銀行が、一日あたり一・五兆ドル（九八年）の為替取引きが縮小しないように調整する。彼は「課税総額は年間四〇〇〜五〇〇億ドルと予測される」と述べている。

■各国議会やEUなどの動き

九七年にカナダ、九九年にはフィンランドの議会が、為替取引き税の導入を決議した。ただし、両国とも銀行業界の圧力を受けた大蔵省の抵抗によって、実施には至っていない。

アメリカの下院では、民主党のオレゴン州選出ピーター・デファジオ議員が為替取引き税の導入法案を上程したが、賛成する議員がおらず、討議されていない。また、EU議会には、導入決議草案が何回も提出されたが、僅差で敗北してきた。とはいえ、EU議会は『国際的な為替取引き税の実行可能性』と題する調査レポートを発表し、それを「魅力的なオルターナティ

(10) 運用・販売の本拠地以外の国に籍を置いて国際投資信託が取引されること。籍が置かれるのはタックス・ヘイブンである。

(11) 国際取引きによる収益に対して課税されないなど税制上の優遇措置がとられ、運用・販売上の法的規制が緩やかな(あるいはない)国・地域。ルクセンブルク、パナマ、バハマ、バミューダ諸島など。

ブ」と結論づけている。

二〇〇〇年六月、ジュネーブで開かれた国連社会発展サミットでは、カナダが「為替取引き税導入の可能性を研究する」という決議案を提出した。これは、カナダ議会、キリスト教会、NGOなどのロビー活動の成果である。しかし、アメリカの激しい反対にあい、決議文からは「為替取引き税」の文言が削られ、「新しい、革新的な資金源」という間接的な表現に変えられた。それでも、カナダとタイが閉会式で「この表現は為替取引き税を指す」というスピーチを行い、決議文の付帯文書とした。

そして、フランス国民議会は〇一年一一月二一日、為替取引き税の導入を決議した。その内容は、為替取引き額に〇・一%の税をかけるというものである。ただし、実施はすべてのEU加盟国が採択した後になる。

さらに、ドイツ政府は〇二年二月、「為替取引き税は実行可能である」と名づけた研究報告書を発表した。G7のなかでは、カナダに続く前進である。これは、同年三月にメキシコのモンテレーで開かれた国連開発資金国際会議に向けたドイツのメッセージで、報告書の執筆者は、ポール・スパーン博士だった。

シュミット説とスパーン説を混合したこの報告書に、目新しい論点はない。とはいえ、「為替取引き税の導入は可能である。すべての国が導入する必要はなく、たとえばOECD加盟国やEU加盟国が一方的に導入できる」という点が特徴的であった。なぜなら、為替取引き市場の八〇%は、ロンドン、ニューヨーク、東京、シンガポール、フランクフルト、チューリッヒ、香港、パリの八カ所で行われており、ロンドン、ニューヨーク、東京の三カ所で五八％を占めているからである。

もちろん、G7以外の市場経済移行国、新興市場国、開発途上国、さらに巨大な為替市場以外の先進国においても課税は可能であり、追加の税収が政府に入る。九七年のアジア通貨危機の際、ヘッジ・ファンドなどによって集中的にタイのバーツやインドネシアのルピアが為替市場で売られた結果、両国の通貨が下落。政府が買い支えようとして、ついに外貨保有が底をついた。為替取引き税は、このような特定の通貨を狙い打ちにした投資資金の集中攻撃を防ぐ効果をもつ。

国連開発資金国際会議でこの報告書を紹介したドイツのツォイル経済協力相は、「EUとスイスで為替取引き税を導入する」と語った。それは実現不可能な提案ではない。EUはすでに、税の徴収と分配を多国間協力で行っているからである。加盟国は何年にもわたって付加価値税を徴収し、共同で管理し、再分配してきた。各国は徴収した付加価値税から一〇％を天引きした残りをEUに拠出し、加盟国のすべてが同意するインフラ建設費用に充てている。こうした経験を活かせば、導入は十分に可能である。

第8章　もうひとつの世界は可能だ

2003年1月の世界社会フォーラムで行われたデモ(写真提供・アタック・ジャパン)

1　エリートに対抗する国際会議

■一万六〇〇〇人が参加

「もうひとつの世界は可能だ」

これは、二〇〇一年一月二五～三〇日、ブラジル・ポルトアレグレで開かれた世界社会フォーラムに世界各地から集まった、一万六〇〇〇人にのぼる参加者の共通の言葉である。

世界社会フォーラムは、同じときに地球の反対側にあたるスイス・ダボスで開かれていた世界の経済・政治のエリートたちによる世界経済フォーラム（通称ダボス会議）に対する「対抗会議」だと報道された。しかし、それは単なる「反ダボス」にとどまらず、世界を変える新しいグローバルな市民社会の運動の始まりである。そして、ポルトアレグレは、まさにこの新しい運動の始まりにふさわしい都市だった。

私が最初にポルトアレグレの会議について聞いたのは、二〇〇〇年九月、プラハの反ＩＭＦ・世銀の大デモの場である。まもなく、ブラジルの組織委員会から招待状が送られてきた。日本からブラジルまでは飛行機で往復五〇時間以上かかるので、しんどいという気持ちもなかったわけではないが、喜んで参加の返事を出した。その理由は二つある。

ひとつは、反グローバリゼーション派が一堂に会して対抗会議を開くことへの賛同だ。もうひとつは、ブラジルの労組、農民運動、そしてラテンアメリカの先住民族の闘争などについて、詳しく知りたかったからだ。一九九九年九月に、ブラジルのジュビリー２０００が中心になり、キリスト教会、労組、農民運動などの連合が、債務返済やＩＭＦの緊縮政策などについての住民投票を実施した際、五〇〇万人を超える人びとが参加し、圧倒的な「ノー」の投票を行った。このようなブラジル市民社会のダイナミックなエネルギーにふれたい、という思いがあった。

私がポルトアレグレに到着した一月二四日、ブラジルの組織委員会による記者会見が開かれた。この席でポルトアレグレ市長は、「最初は二五〇〇人規模の会議と考えて、ホテルなどの受入れ体制を準備した」と語った。ところが、フタを開けてみると、隣国のウルグアイから六〇〇人、アルゼンチンから一二〇〇人、フランスから二〇〇人と、次々に大グループが到着し始めたという。さらに、ブラジル国内から一万人が集まり、参加者総数は一万六〇〇〇人にも達した。市当局は急遽、ホテルに収容できない人のために、公園にテント村を設営。夏休み中の学校も宿泊所にした。私ははじめて、とてつもないマンモス会議に参加したことを知る。

実際ポルトアレグレは、すべての面でダボスを上回っていた。テレビや新聞などの記者団は一八〇〇人（そのうち海外から八〇〇人）が登録した。これに対して、ダボスを取材したジャーナリストは一二〇〇人にすぎない。それも、多くは反対デモの取材が目的だった。

■参加民主主義のモデル・ポルトアレグレ

世界経済フォーラムは、七一年から毎年一月末に開かれてきた。ダボスはスイスのリゾート地で、主催は近くに本部がある国際決済銀行（BIS）[1]だ。当初は、多国籍企業や銀行の重役たちが非公式に意見を交換する場であったが、冷戦終結以後、アメリカのアル・ゴア副大統領など先進国の政治家が参加し始める。最近では、ネルソン・マンデラ（南アフリカ共和国）やヤセル・アラファト（パレスチナ）など第三世界の政治家も加わるようになった。こうしてダボスは、世界の経済・政治・行政のエリートが結集する一大晴れ舞台、グローバリゼーションの象徴となる。

これに対して九八年一月、従属理論派の経済学者サミール・アミン[2]が主宰する第三世界フォーラム[3]が、ダボスの近くでオルターナティブ経済フォーラムを開催。これには第三世界の社会科学者約五〇人が集まり、ネオ・リベラリズムに反対する決議を採択した。おそらく、これがダボス会議に反対する最初の動きだろう。

続いて二〇〇〇年一月には、フランスのATTACが抗議活動を呼びかけた。しかし、スイスはデモに対する取締りが厳しく、ダボスでは大規模なデモが行えず、近くのチューリッヒで散発的なデモを繰り返す以外になかった。そこでATTACは、世界経済フォーラムに対抗するフォーラムを第三世界で開くことを企画。ベルナール・カッセン代表がもつマスメディアの人脈をフルに使って候補地を探し、ポルトアレグレに白羽の矢を立てたのである。

ブラジルは途上国のなかでインドと並ぶ大国であり、同時に連邦国家である。最南端のリ

（1）　Bank for International Settlement. 各国中央銀行間の政策協議、国際金融市場の統計作成などを行う国際機関。本部はスイス・バーゼル。

（2）　Samir Amin. 一九三一年、エジプト生まれ。新マルクス主義の思想家であり、従属理論の論客として知られている。邦訳書に『世界資本蓄積論』（大村書店、一九七九年）『中心＝周辺経済関係論』（大村書店、一九八一年）など。

（3）　第三世界諸国の自立と社会開発に関心を寄せるアフリカ、アジア、ラテンアメリカ、中東の社会科学者のネットワーク。一九七八年にサミール・アミンが提唱して設立した。セネガル・ダカールに本部を置く。現在は「オルターナティブ経済フォーラム」の名で、不定期に論文集をインターネットで発表している。http://www.egypt2020.org/English_site/structure/whoweare.htm

オ・グランデ・ド・スール州は左翼の労働者党が政権を握ってきた。人口約一三〇万人の州都ポルトアレグレ市も同様で、八九年以来、市議会も労働者党が多数派を占めている。

ポルトアレグレ市は、参加民主主義のモデルと言われている。その典型的なプロジェクトが、九九年から始まった参加型予算システムだ。市の収入のうち、公務員の給料を差し引いた事業費の八〇%が、市内一六のコミュニティの自主運営に任されている。各コミュニティが代表を選出して、教育・公的住宅・上下水道の開発・課税制度改革・交通・病院などのテーマについて議論し、予算額と優先順位を決める。予算の配分と事業の実施は、コミュニティの代表と市会議員が共同で行う。

この参加型予算システムの成功は、ポルトアレグレ市を訪れた人には一目瞭然である。まず、乞食がいない。貧困地域はあっても、スラムがない。小さな路地に至るまで、清潔である。夜に女性が街を歩いても安全だ。人口より多くの樹木が植えられていて、大気汚染がない。国連開発計画(UNDP)の人間開発指標では、ラテンアメリカの人口一〇〇万人を超える都市のなかで最上位にランクされている。水道の普及率は九九%、下水道は八三%だ。

そして、「連帯経済」と呼ばれる経済システムが存在している。それは、利潤のみを追求する市場経済に対抗する、協同組合、共済組合、NGO、労組、社会運動など、利潤ではなく人間の連帯にもとづく非営利の経済活動を指す。フランスの学者ウーグ・ピュエルによれば、連帯経済がGDPの一〇%以上に達すると、その国の市場経済をコントロールできるという(4)。ポルトアレグレ市ではこの連帯経済が非常に発展し、生産者組合や消費者組合だけでなく、学校

(4) Hugues Puel "*Economie et Humanisme*", Julie, 1997.

や博物館も協同組合によって経営されている。

■農民の土地占拠闘争

ポルトアレグレ市内にスラムがないのは、ブラジル最大の社会運動である「土地なき農民運動（MST）」の活動が大きく貢献している。MSTは、都市に流れ込んでスラムに住みついた元農民が、再び農村に帰って公有地や大地主の遊休地を占拠し、政府に農地の分配を求める運動である。六〇年代なかばから二〇年にわたって続いた軍事独裁政権下で、労組のCUTと並んで激しい抵抗運動を闘い抜いてきた。世界社会フォーラムでも最大勢力であり、緑の旗とスカーフがどの会場でも他を圧倒していた。フォーラムの目玉行事のひとつが、MSTの訪問ツアーだったほどだ。

MSTは都市のスラムでの組織活動から始める。貧しい人びとを組織し、経済的な自立の道を確立し、衛生の改善をはかる。ついで、土地占拠運動に参加するように呼びかける。それは、二段階に分けて行われる。

第一段階は、約一五〇世帯を一単位に組織し、ハイウェイ沿いの国や州政府の公有地にテント村を設営して、スラムから移住する。ビニール・シートや木材はMSTが提供し、住民自身が井戸を掘ったり学校を建てたりして、コミュニティを建設していく。

他の州では州警察や連邦軍隊がこのテント村を襲撃して血なまぐさい闘争が起きているが、リオ・グランデ・ド・スール州では労働者党政権の州政府が好意的なため、移住は平和的に行われている。彼らは、このテント村に半年〜一年滞在する。その間、近くの果樹園へ働きに行ったりして生活費を稼ぐ一方で、協同組合の活動を実践していく。有機農法や生産者協同組合経営のノウハウを学ぶのだ。私が訪れたバスで二時間のところにある郊外の占拠村では、井戸を掘り、シャワーやトイレを設置し、保育所や学校も建てていた。

第二段階は、二〇〜三〇世帯ずつのグループに分かれて、占拠した土地（リオ・グランデ・ド・スール州の場合は州政府が提供した公有地も含む）に定住する。私が訪れた村は二八世帯からなり、一世帯の私有地が二〇ha、協同組合の共有地は六〇〇haと広大で、米、小麦、野菜、そして酪農や畜産と多角的な有機農業を行っていた。農民の家はこぎれいな一軒家で、かつてのスラムやテント村と比較すると天国である。

これまで、第三世界で共産党などのゲリラによって行われてきた土地革命は、地主を倒して貧農が土地を得るところで終わる。しかし、都市のスラムから解放され、土地を得て農民に戻ったからといって、MSTの土地占拠闘争は終わらない。

ブラジルの農産物価格はラテンアメリカでもっとも低いため、農業経営は容易ではない。それは、農産物の自由化によって、アメリカなど輸出国政府の補助金を受けた農産物が安くダンピング輸入された結果だと、農民は語った。

また、大地主が所有していた土地の場合は、遊休地として放棄されていたにもかかわらず、MSTが占拠して立派な農地として蘇らせると、地主が地代の支払いを要求する。この問題については裁判になっているケースもあるという。

以上述べたように、ポルトアレグレが新しいグローバルな市民社会の運動の始まりの地として、もっともふさわしいことは、明らかであろう。閉会時、司会者に「もうひとつの世界は可能ですか?」と聞かれたアフリカの女性は、「それはポルトアレグレそのものが証明しています」と答えていた。

■富と民主主義をめぐるマンモス会議

世界社会フォーラムの第一日は開会式の後、夕方にデモが行われ、繁華街を行進した。先頭に立ったのは州知事、市長、労働者党党首、MST議長などだ。第二~五日は、午前中が全体会議、午後がワークショップ、一八~二〇時はクーデターで追われたアルジェリアの初代大統領ベン・ベラや故ミッテラン・フランス大統領の夫人ダニエル・ミッテランなど、ゲストのスピーチ。全体会議は、主要テーマである富と民主主義について四会場の同時進行で行われ、いずれも英、フランス、スペイン、ポルトガルの四言語の通訳がついた。

第一テーマは、富の生産。生産システム、貿易、金融システム、地球というサブ・テーマを一日ごとに設けて、パネル討論の形で議論していった。私は金融システムのセッションの司会を務め、債務帳消し、為替取引き税、新金融秩序の確立という三つの議題を取り上げた。いずれも国際フォーラムのメインテーマとなるもので、半日の議論で結論が出ないのは言うまでもない。三つのなかで、新金融秩序の確立に関連して「現在のIMF・世銀をどうするか」に議論が集中。グローバリゼーションを推進している最大の国際機関であるIMF・世銀を「単に解体するだけでよいのか」という疑問が提出された。それは通貨の安定と開発融資というそれぞれの機能までも否定するのかというむずかしい問題であり、今後継続審議されなければならない課題のひとつである。

そのほかの三つのテーマとサブ・テーマは、次のとおりだった。第二テーマ＝富へのアクセス、サブ・テーマ＝科学、共有財産、分配、都市。第三テーマ＝市民社会、サブ・テーマ＝市民社会の能力、情報、グローバル市民社会、文化。第四テーマ＝政治的権力、サブ・テーマ＝民主主義、国際機関、民族国家、紛争。

設定がアカデミックすぎるとの批判も出ていたようだが、いずれも魅力のあるテーマとパネリストが配置されていたと、私は思う。ただし、日本からの参加者は私だけだったので、司会や打合せに時間をとられ、十分に各セッションの議論をフォローできなかったのが残念だった。

午後のワークショップは総計四七〇にも及び、通訳の設備もエアコンもない小教室がそれぞれに割り振られた。たとえば、WTO、IMF・世銀、ジュビリー2000、パレスチナ、バスク(5)、コロンビア計画(6)、先住民族などだ。めったに聞けないテーマもあり、しかも専門家や活動家の生の声に接することができるチャンスだったが、聞き逃したものが多かった。

このように、反グローバリゼーション派が、抗議デモという行動の場ではなく、議論する場で一堂に会するのは、はじめてのことだ。さらに、通常、先進国で開かれるG8サミットなどの抗議デモには、途上国の人びとは参加できない。今回ブラジルや近くの南米諸国から多くの

(5) フランスとスペインの国境、ピレネー山脈西部に位置する。独自の言語・文化をもち、長く自立・独立した社会を維持してきたが、一九四九年のフランコ独裁政権樹立後は厳しい弾圧を受けた。七九年に自治権を獲得するが、完全独立をめざすETA（バスク祖国と自由）は、軍や警察関係者に対してテロ活動を続けてきた（九八年に、スペイン政府に対して無期停戦を宣言）。

(6) ゲリラ活動に悩まされてきたコロンビア政府が、経済・社会の建て直しをはかるために策定した三年計画。内容は、経済回復と社会の再生（福祉政策）、平和交渉プロセス、違法麻薬取引きの撲滅（代替作物の奨励）、制度面の強化・社会発展（司法制度改革、軍強化など）である。

農民や労働者がポルトアレグレに参加したこと自体が重要である。

ネオリベラルなグローバリゼーションに反対する運動はさまざまな問題に直面しており、その立場もさまざまである。こうした多様性こそ、反グローバリゼーション運動の強みでもあるのだが、ひとつの場で議論することはむずかしい。したがって、パネル討論もワークショップも、グローバリゼーションのさまざまな問題の分析をパネラーや報告者から聞くだけで時間がきてしまい、参加者の間で議論する時間がない。さらに、その分析を踏まえたオルターナティブの提起などは、とうていできなかった。これは、第一回世界社会フォーラムの限界であった。

2　反グローバリゼーション運動の理論と戦略

■社会運動の担い手たちが国際会議の舞台に

二〇〇一年九月一一日のテロ事件後、ダボスは「高額な治安対策費を負担できない」という理由で、翌年の世界経済フォーラムの開催を断る。その結果、〇二年は、「テロに屈しない」という口実で、一月三一日～二月四日にニューヨークのウォルドルフ・アストリアホテルで開催された。

これに対して二月二日、一万二〇〇〇人が会場周辺で抗議デモを行った。参加者は口々に、「われわれは皆アルゼンチン人だ！」「あなたたちは皆エンロンだ！」と叫んだという。(7) テロ事件以後、アメリカの反グローバリゼーション運動は後退したように見えたが、これをきっかけに復活したようだ。

一方ポルトアレグレでは、反グローバリゼーション派が第二回世界社会フォーラムを開催。前年をはるかに上回る六万人が一三一カ国から参加し、参加団体は五〇〇〇を超えた。前年と同じく、参加者の大部分は農民運動、労組、女性・青年・住民組織など社会運動の担い手である。これは、環境・人権・開発NGOによって占められてきたこれまでの国際会議の流れが大きく変わったことを示している。

なかでも、〇二年の最大の勢力は農民だった。ブラジルのMSTが中心になって、ラテンアメリカ全体に組織された「ビア・カンペシーナ（農民の道）」は、フィリピン、タイ、インドなどの農民組織を巻き込み、世界の農民運動を先導している。アフリカ大陸では、カメルーン、ウガンダ、タンザニア、ザンビアなど多くの国で、輸出向けの換金作物を耕作している小農民が組織され、その全国連合が誕生した。

現在こうした第三世界の農民運動は、反WTO闘争の先頭に立っている。欧米の政府が年間二〇〇〇億ドルを農産物の補助金として支出する結果、安い先進国の農産物が第三世界に流入し、彼らは大きな打撃を受けている。第三世界の農民は、WTOが推進する「自由貿易」のい

(7) 二〇〇二年一月、IMFによる救済融資と引換えに超緊縮財政政策を課され、国家経済自体が破綻しているアルゼンチンと、アメリカ実業界の中枢にありながら破産し、企業の経営システム全体に対する信用失墜を招いたエンロン社を念頭においている。

んちき性を肌身で理解しているのである。

農民に次ぐ大きなグループは、労組だった。いうまでもなく、中心は開催国のブラジル総同盟である。アメリカのAFL-CIOからはリンダ・トムプソン副会長が参加し、ジョン・スウィーニー会長もニューヨークの世界経済フォーラムに対する抗議デモの現場から、衛星放送によるビデオを通じて挨拶を送った。アメリカの労組の参加も、前年にはない大きな変化だ。

国別の参加者数で言えばブラジルがもっとも多く、イタリアとアルゼンチンが約一四〇〇人、フランスが約八〇〇人と続いた。これは、市民による社会運動の強さに比例している。日本からの参加者は、私と関西の二人の活動家の計三人にすぎなかった。

■反グローバリゼーション運動の転換点

第二回世界社会フォーラムは、九九年のシアトル・デモに始まる反グローバリゼーション運動の転換点となった。

シアトル以降、反グローバリゼーション運動には、不満分子が現状に対する代替案も示さずにマクドナルドやスターバックスを襲撃しているというイメージがあり、主流派のマスメディアから無視されてきた。今回のフォーラムの主催者たちは、正統性の欠如と組織の不在というこれまでの運動の弱点を克服し、反グローバリゼーション運動の主流化をはかろうとしたのである。

そして、ロビイ活動の対象としてこなかった国連のような国際政治にかかわる組織を提言の

(8) Mary Robinson. 一九四四年生まれ。九〇～九七年にアイルランド大統領を務め、九七～二〇〇二年は国連人権高等弁務官として活動。

(9) Joseph Stiglitz. スタンフォード大学経済学部教授。一九九七～二〇〇〇年に世界銀行のチーフ・エコノミストを務めたが、その後IMF・世銀を批判している。邦訳書に、『世界を不幸にした

場として使っていこうと考えた。たとえば、国連憲章の改革を提言する国連のグローバリゼーション委員会には、メリー・ロビンソン国連人権高等弁務官、[8] ジョセフ・スティグリッツ元世銀チーフ・エコノミスト（二〇〇一年のノーベル経済学賞受賞者）、[9] ミハエル・ゴルバチョフ元ソ連共産党書記長、ホアン・ソマビアＩＬＯ（国際労働機関）事務局長、[10] ジョージ・ソロスなどとともに、反グローバリゼーションの旗手の一人であるロリ・ワラックも入っており、共同議長を務めている。

実際、メリー・ロビンソンを含めて多くの国連や世銀のスタッフが第二回フォーラムには出席。六人の大臣、三人の大統領選立候補者、二人のノーベル平和賞受賞者も参加し、最終日にはアナン国連事務総長がメッセージを送った。一方で、ブラック・ブロックなどのアナーキストやジョゼ・ボヴェ（第一回には参加）などが招待リストからはずされた。さらに、コロンビアのマルクス主義ゲリラであるコロンビア革命軍（ＦＡＲＣ）[11] やスペインのバスク・ゲリラＥＴＡなども、参加を拒否された。

もうひとつの特徴は、反グローバリゼーションの理論家が一堂に会したことである。

まず、サンフランシスコに本拠を置くグローバリゼーション国際フォーラム（ＩＦＧ）[12] のメンバー、すなわちインドのバンダナ・シバ、マレーシアのマーティン・コー、フィリピンのウォールデン・ベロー、そしてロリ・ワラックなどがそろって参加した。ＩＦＧは、反グローバリゼーション派のシンクタンクの役割を果たしている。彼らはシアトル以来、ＷＴＯに対するＮＧＯの闘いをリードしてきたが、二〇〇一年一一月に開かれたドーハ会議の結果に、それま

グローバリズムの正体』（徳間書店、二〇〇二年）。

(10) Juan Somavia. 一九四一年生まれ。ガット職員、国連経済社会理事会議長などを歴任後、九八年からＩＬＯ事務局長。母国チリの民主化運動にもかかわってきた。

(11) Fuerzas Armadas Revolucionarias de Colombia. 一九六〇年代以降活動を続けているゲリラ組織。麻薬取引きなどを財源に勢力を伸ばし、現在の兵力は推定一万人。麻薬・武器密輸ルートとなるパナマ国境付近では、激しいゲリラ活動で住民が退去し、国内難民化している。

(12) 一九九四年、ＮＡＦＴＡ発効をきっかけにサンフランシスコで設立された国際的ネットワーク。地域社会・経済を活性化して現在のグローバル化に歯止めをかけることを目的としている。http://www.ifg.org/about.htm

でのロビイング活動の限界を感じたのである。それは、マーティン・コーの「WTOを縮めるべきか、沈めるべきか（Shrink or Sink）」という問いかけの言葉に象徴されている。

IFGは今回、「グローバル経済改革についての提案」を発表した。それは、これまでの反グローバリゼーション・デモに対して指摘されていた「運動の理論と戦略の欠如」を克服しようという試みのひとつである。IMF・世銀やWTOなどネオリベラルなグローバリゼーションを推進している国際機関に対抗する戦略は何か、多国籍企業のグローバルな活動をどうコントロールするのか、貧困をなくすための市民社会の取組み、国家権力と市民社会の関係、運動の戦術、国際連帯などの課題が提起された。

また、主催団体のひとつであるATTACは大代表団を送り込んだ。副代表のスーザン・ジョージ[13]は、カジノ経済化した資本投機行動を抑制するために、為替取引き税の導入や、タックス・ヘイブンの廃絶など、国際金融資本に対抗する戦略を提起。さらに、一六カ国語に翻訳された"*No Logo*"の著者であるカナダのナオミ・クライン[14]は、「市民社会をどう構築するかを議論するときは過ぎた。グローバルな市民の不服従行動のときだ！」と演説。若者から熱狂的な喝采を浴びた。

■マスメディアの反応も変化

シアトル以来の反グローバリゼーション・デモについてのマスメディアの報道は、もっぱら抗議の側面に集中していた。しかし、第二回世界社会フォーラムについての報道は、反グロー

(13) Susan George. アムステルダムのトランスナショナル・インスティテュートとATTACの副代表。邦訳書に、『債務ブーメラン』（朝日新聞社、一九九五年）『ルガノ秘密報告』（朝日新聞社、二〇〇〇年）ほか多数。

(14) Naomi Klein. 一九七〇年生まれ。カナダのジャーナリスト。ナイキなど有名多国籍ブランド企業を批判した主著"*No Logo*"は、『ニューヨーク・タイムズ』紙上で「運動のバイブル」と言われた。邦訳書に、『ブランドなんか、いらない』（はまの出版、二〇〇一年）。

バリゼーション派の今後の展望により多くが費やされたと言えるだろう。

AP通信と『ファイナンシャル・タイムズ』紙の見出しは、「抗議よりも政策論議に集中」「劇場の裏で真剣な議論」など。反グローバリゼーション派が、グローバリゼーションのすべてに反対しているのではなく、「無制限なグローバリゼーション」「規制のない企業の権力」の抑制をめざしている、と報道した。集まったジャーナリストの数で言えば、今回も世界経済フォーラムをはるかに上回っていた。

また、雑誌『エコロジスト』(15)のポール・キングスノース副編集長は、「始まりの終わり」と題する長文の分析論文を発表。「反グローバリゼーション運動」ではなく、「グローバルな正義のための運動」と呼ぶべきだと述べた。そのうえで、ポルトアレグレでは、「これまでまったく無視されてきた第三世界の草の根運動に焦点が当てられ、明確にパラダイムが転換した」と指摘。単にダボスのオルターナティブではない、グローバルな抗議とラディカルな運動が、新しい社会秩序の確立に向けて一致した勢力として登場した、と論じている。

一般に、反グローバリゼーション・デモを行っているのは、暇とカネがある先進国の豊かな階層の青年たちである、と言われてきた。しかし、この神話は今回みごとに粉砕されたのである。実際にインド、タイ、韓国、南アフリカ共和国、ベネズエラ、ブラジル、アルゼンチン、メキシコ、エクアドル、ペルー、コロンビアなどでは、シアトルのデモ以前に、より大規模で、より激しい反WTO、反IMF・世銀のデモが、警察の厳しい弾圧や人権侵害のなかで起こっていた。単にマスメディアが報道しなかっただけのことである。

(15) *"The Ecologist"*: イギリスで発行されている一九七〇年創刊の英文誌。世界一五〇カ国に購読者をもち、環境問題を扱う雑誌としてはもっとも歴史が古い。http://www.theecologist.org/abo-ut_us.html

■明確なオルターナティブのビジョンはあるのか?

ブッシュ大統領の「反テロ戦争」に対して、アメリカ内で敢然と反対している知識人のひとりであるノーム・チョムスキー[16]が、「ポルトアレグレは新しいインターナショナルの始まりである」[17]と宣言したとき、三〇〇〇人で埋め尽くされた階段教室が聴衆の拍手で揺れた。しかし、彼の言葉どおりには、事は運ばなかった。

「ポルトアレグレ宣言」はまとめられず、代わりに「社会運動の呼びかけ」と題する文書が作成された。それは、世界各地で取り組まれてきた反グローバリゼーション運動の課題を一六項目にまとめたものである。参加団体がこれに任意に署名するという形をとった。さらに、一年かけてアジア、アフリカ、ヨーロッパ、ラテンアメリカ・カリブ海、北アメリカなどで地域別の社会フォーラムを開き、二〇〇三年一月、第三回世界社会フォーラムを再びポルトアレグレで開催することが決められた[18](加えて、二〇〇四年はインド・ニューデリーでの開催が合意事項として記載された)。

なぜ、「ポルトアレグレ宣言」を作成できなかったのか?

人間より利潤を優先するグローバリゼーションに反対することは、やさしい。しかし、その土台となっている資本主義の市場経済に取って代わるオルターナティブは何だろうか?

冷戦の終結までは、社会主義がそのオルターナティブであった。しかし、ソ連・東欧諸国の社会主義が崩壊し、中国が「改革・開放経済」に移行したいま、それはもはやオルターナティブとはなり得ない。

(16) Noam Avram Chomsky. 一九二八年生まれ。言語学者、マサチューセッツ工科大学教授。六〇年代なかばからベトナム反戦運動などに積極的にかかわり、アメリカ政府の外交政策を批判する論客として活躍。邦訳書に『アメリカが本当に望んでいること』(現代企画室、一九九四年)、『アメリカの「人道的」軍事主義——コソボの教訓』(現代企画室、二〇〇二年)ほか多数。

(17) ロシア革命から第二次世界大戦に至るまで、ソ連共産党をリーダーとして世界各国の共産党が「共産主義インターナショナル」という国際組織を結成。世界中で共産主義革命を起こすことを目標にかかげていた。現在は、各国の社会党が参加する「社会主義インターナショナル」がある。ただし、チョムスキーがここで言わんとしたのは、こうしたインターナショナルのでは、ヨーロッパの「社会民主主義」はオルターナティブか？　この問いかけは、第一回世界社会フォーラムでも出された。だが、社会民主主義政権下にある国からの参加者たちは、異口同音に「ノー」と答え、こう説明した。

「社会民主主義政府は、資本主義を是認する立場からグローバリゼーションを推進するが、それが生み出す犠牲者を社会的セーフティネットで救うというのが公約だった。しかし、この公約はどの国でも反故にされた。政府にはカネがないというのが、その言い訳である」

セーフティネットを保証できないのであれば、もはや社会民主主義ではない。グローバリゼーションの犠牲者を見殺しにする、ネオリベラリズムと変わらない。

したがって、現在、資本主義に取って代わるオルターナティブは存在しない。オルターナティブの明確なビジョンがないことが、ポルトアレグレに集まった六万人の共同宣言が出せなかった原因である。

■グローバリゼーションに対抗する連帯経済

では、オルターナティブが存在しないとしたら、せめて、このネオリベラルなグローバリゼーションの進行を弱める、つまりコントロールすることはできないだろうか？

それはできるし、またしなければならない。その答えは、抽象的なものにとどまってはならない。すでに人びとが実践しているものでなければならない。ポルトアレグレ市の参加型予算システムが、そのひとつである。

復活ではない。思想、宗教、信条を問わず、ネオリベラルなグローバリゼーションに対して「ノー」と言う人びとが国境を越えて集まり、連帯行動をとることを指している。

(18)　一月二三〜二八日に約一〇万人が参加して、次の五つのテーマで行われた。①民主的で持続可能な発展、②価値観・人権・多様性と公正の原則、③メディア・文化・対抗権力、④政治権力、市民社会、民主主義、⑤民主的な世界秩序、軍事主義との闘争と平和の促進。

そして、重要なのが連帯経済である。それは、市場経済の目的が利潤の追求にあり、とくにネオリベラルなグローバリゼーションにおいては最大限に利潤が追求されているのに対して、人間と人間との連帯、人間と自然との調和を求める経済活動である。フランスでは、市場経済に対置して「社会経済」と呼ばれて公的に認知され、社会経済省が設けられている。ジョスパン首相（社会党）時代には、社会経済大臣が任命されていた。

プロローグで紹介した「団結した、複数の、責任ある世界をつくる同盟」は連帯経済についてのワークショップを世界各地で行い、〇一年一二月に開いた市民会議で議題のひとつに取り上げた。さらに、各項目別ワークショップの進行とその間の調整を行う五人の「グローバル調整チーム」を設け、私はその一員に選ばれた（このチームは世界社会フォーラムにおけるシンクタンクの一翼を担うものと位置づけられる、と私は理解している）。

連帯経済には大きく分けて、地域レベルでの経済活動と、グローバルなレベルでの規制がある。

■地域レベルでの経済活動

①協同組合

とくに新しいものではない。一九世紀末にヨーロッパで始まった協同組合運動など、かなり古いものもある。日本では、生活協同組合や巨大企業化した農協がイメージされるだろう。しかし、連帯経済における協同組合は、生産・流通・消費の分野にとどまらず、学校、図書館、病院、博物館など、幅広い分野にわたっている。

②共済組合（相互扶助）

日本では労組や企業が従業員間で組織し、自治体など公的機関も保険や年金などの分野で組織している。この活動が盛んなのはフランスで、Mutualと呼ばれ、法人格が与えられている。たとえば、医療費は国家の健康保険で七〇％が保証され、残りは共済組合がカバーしている。

③特定非営利活動法人（NPO）

アメリカで盛んである。寄付行為が免税になるなど、人びとがNPO事業に参加しやすいように、さまざまな優遇措置が講じられている。日本では、いわゆるNPO法（特定非営利法人活動促進法）は制定されたが、寄付行為に対する免税措置すらなく、活動は発展途上にある。

④非政府組織（NGO）

途上国では、開発NGOが都市のスラム、農・山・漁村、少数民族の暮らす地域などに入って活動している（第4章参照）。それは、貧しい人びとをエンパワーし、持続可能な経済活動を広げるという意味で、市場経済に対抗する連帯経済の活動である。また、オックスファムなど先進国の国際開発協力NGOが、途上国の開発NGOに対して資金援助を行っている。これも連帯経済の範疇に入る。

⑤地域通貨

日本では、限定された地域で、サービスの交換をスムーズにするために、独自の単位をもった通貨を発行している。エコ・マネーとも呼ばれる。海外では、生産も含めた経済活動のあらゆる分野を対象にして発行され、流通しているケースもある。たとえば、債務危機によって経済が破綻したアルゼンチンでは、政府が発行するペソに並行して、小さな地域単位でそれぞれ異なる地域通貨が発行され、国家経済に並行して自立した経済活動が行われている。失業者や貧困層は、地域通貨で破産した工場を自主運営したり、生活に必要な食料や衣類を手に入れられるようになった。欧米では社会マネーとも呼ばれている。

⑥参加型財政

〇三年一月に新しく誕生したブラジルのルイス・イナシオ・ルラ・ダシルバ労働者党政権は、国家レベルで実施しようとしている。

⑦フェア・トレード

途上国の協同組合による生産物を、貧困根絶と環境保全のコストを組み入れた価格で取引きする貿易活動。品質は保証されるが、価格は通常、市場価格（小売価格）より高い。日本のおもな取組みとしては、オルター・トレード・ジャパン社を通じて、生活クラブ生協、グリーンコープ、大地を守る会など(19)が、フィリピン・ネグロス島の農民から、「バランゴン・バナナ」のブランドで有機栽培バナナを輸入している。途上国のコーヒーやバナナなどの一次産品の貿易は、少数の独占企業の手に握られているのが現状である。この場合、生産コストを下回る安値で取引きされる場合も多いが、市場経済ではそれが正当な価格とみなされている。フェア・トレード運動は、この国際貿易に対抗する連帯経済のひとつの形態である。

(19) いずれも、添加物をできるだけ使わず、素材の味を大切にした、生産や流通がわかる食品や生活材を扱う。生活クラブ生協は東日本を中心に一五道県、グリーンコープは九州・中国の一〇県、大地を守る会は首都圏を中心に活動。

⑧マイクロ・クレジット

途上国において広く普及している小規模金融システム。小売店を開くなど小規模ビジネスを始めるために少額の資金を貧しい女性のグループなどに貸し付け、現金収入を手に入れられるようにする。七〇年代に、バングラデシュのグラミン・バンクの活動から始まった。現在では、先進国の政府援助機関や世銀も支援し始めている。先進国でも、女性銀行や市民銀行などの名称で、類似した金融部門の活動がある。

これらの活動は、小規模であることが大切だ。人間と人間の連帯を重視するのであるから、お互いが顔の見える範囲にいなければならない。しかし、一方では、国境を越えた巨大で強大な市場経済に対抗するために、ある程度の規模に成長することが要求される。

■グローバルな規制

連帯経済の規模は、世界的にはGNP総額の一%にも満たない。しかも、市場経済に対抗した運動として位置づけられているものを特定すると、その額はさらに小さくなる。この状態では、市場経済に対抗するどころか、グローバリゼーションの巨大な車輪によって踏み潰されてしまうであろう。

フェア・トレードを例にあげよう。WTOでは、市場価格より高い価格での貿易は、自由貿易のルールに反する。仮に、ネグロス・バナナの日本のバナナ市場における占有率が一〇〜一五%に達したとき、デルモンテなどのアグリビジネスがWTOに提訴し、自由貿易に違反していると判定を下されれば、日本はネグロス・バナナを輸入できない。また、ＩＭＦ・世銀が途上国政府に構造調整プログラムを押し付けた場合、ＮＧＯの小規模な活動は、大量に発生した失業者と貧困の大波に呑み込まれてしまうだろう。

したがって、地域レベルの連帯経済を広げるとともに、ＷＴＯ、ＩＭＦ・世銀、国境を越える投機資本、多国籍企業など、ネオリベラルなグローバリゼーションを推進している国際機関や資本に対する規制が必要である。連帯経済は、地域レベルのプロジェクトと、グローバルな機関や資本をグローバルに規制する運動の両者が相まって成立するものなのである。

エピローグ　ネオリベラリズムの危機

エンロン社と深い関係があったブッシュ大統領(作成・日高眞澄)

1 史上最大のエンロン社の破産

二〇〇一年一二月二日、アメリカのエンロン社が破産した。日本の会社更生法に相当する連邦破産法第一一条の適用を、ニューヨークの破産裁判所に申請したのである。負債総額は四〇〇億ドル（日本円に換算すると、何と約五兆円）を超え、アメリカ史上最大の会社破産となった。かつて七七〇億ドルだったエンロン社の資産は、わずか五億ドルに減少していたという。

エンロン社は、テキサス州のヒューストンに本社を置く世界最大のエネルギー卸売り会社であった。エネルギー卸売り業という業種は、日本にはなじみがない。しかし、アメリカでは、レーガン政権の一九八〇年代以来、エネルギー売買の自由化と規制緩和が行われ、電力の生産と販売が分離した結果、こうした業種が生まれている。

八五年にガスのパイプライン会社としてスタートしたエンロン社は、発電、天然ガスの開発、電力と天然ガスの卸売りなどによって、一大エネルギー王国をつくりあげていく。『フォーチュン』誌によると、わずか一五年間で全米七位、世界一六位の巨大多国籍企業に発展し、二〇〇〇年度の総売上げ高は一〇一〇億ドル（約一三兆円）。最盛期には、ガスと電力の卸売り業でアメリカとヨーロッパ市場で四分の一のシェアを占め、四一カ国に海外進出を果たした。

その事業内容は大きく五つの部門に分かれる。

第一は運輸部門、つまり天然ガスのパイプラインによる輸送で、いわば伝統的な業種だ。第二は個人や企業に対する天然ガスや電力の小売業、第三はエネルギーの卸売り業である。第四はオンライン・サービスで、エネルギー市場の電子取引きでは世界最大であり、他の同業者のすべてを合わせたよりも大きかった。第五に、天然ガスのパイプラインに並設した光ファイバーを活用した通信事業である。

だが、破産のきっかけは、デリバティブ取引きの失敗であった。エンロン社には、本業の利益に反する可能性のある業務を禁止する内部規定があり、危険をともなう投機性の高いデリバティブ取引きは本来できない。いったい、どのようにしたのだろうか。

エンロン社は、デリバティブ取引きを「パートナーシップ」と呼ばれる投資組合を通じて行っていた。それは、出資者の保有する株を相互に担保にして行う、いわばヘッジファンドである。これを同社のリスクで運用(実際は投機)したのだ。出資者たちは、三年間で出資金の二一二%という、とほうもない配当金を受け取ったという。

二〇〇〇年に入ると、アメリカではIT不況が始まる。エンロン社の通信事業の損失も拡大し、巨額の投資を行ってきた発電や水道部門も赤字を記録した。そして〇一年八月、崩壊の兆しが表れる。決算書には一〇億ドルの特別損失が計上され、赤字額は六億ドルと発表された。さらに、その直後からパートナーシップの簿外赤字(1)が次々と暴露されていく。最終的には一三〇億ドル以上の損失となる。

(1) 帳簿上の操作で隠した赤字。通常、企業が保有している不動産や株券を、値下がりしているにもかかわらず取得したときの簿価で記載し、「含み損」を隠す。

その結果、エンロン社の株価は、最高値の九〇ドル（九九年九月）から、〇一年一二月にはわずか三六セントにまで落ちた。ライバル会社であるダイナジー社が九〇億ドルで買収する話を進めていたが、粉飾決算が発覚したため、一一月に交渉は反故になる。もはや、エンロン社には自己破産の道しか残されていなかった。

ところで、エンロン社の会計監査を担当していたのは、シカゴに本社を置く世界第五位の監査法人（八万五〇〇〇人の会計士を雇い、八四カ国に支社をもつ）アーサー・アンダーセン会計会社である。アンダーセン社の第二位の顧客がエンロン社で、ヒューストン支社では、デービッド・ダンカン以下八〇人の会計士がエンロン社を担当していた。ところが、エンロン社の危機を破産の五カ月前から知っていたにもかかわらず、二〇〇億ドルにのぼる簿外債務を故意に見逃し、嘘の会計報告を続けたのである。

さらに、エンロン社への証券取引委員会の査察が取り沙汰された〇一年一〇月九日、ダンカンはエンロン社の不正書類をシュレッダーにかけ、コンピュータ内の資料を削除した。破産後の〇二年一月末に資料破棄の事実が発覚すると、アンダーセン社はダンカン個人の不正行為であったとして、彼を解雇。その後、ダンカンは投獄された。しかし、これは決して個人の問題ではない。信頼性があるべき監査法人までもが、腐敗していたわけだ。

パブリック・シチズンはエンロン社破産直後の〇一年一二月二一日、同社の企業犯罪についての報告書を出した。それによると、同社は二八三二の子会社を保有し、その三分の一近い八七四社をケイマン諸島などタックス・ヘイブンに登記している。これは、異常な割合である。

たとえば、ダイナジー社は一二の子会社を保有しているが、登記はすべてアメリカ国内だ。報告書は、こう述べている。

「このように数多くの子会社をタックス・ヘイブンに登記しているということは、多くの資金が隠されていることを物語っている」

エンロン社の犯罪は、赤字を隠して粉飾決算を行ったことにあるとされている。だが、実際には、これまで不正に儲けた資金をタックス・ヘイブンの子会社に隠していると思われる。これは横領という、より重大な犯罪である。

2 企業犯罪と政治スキャンダル

■自社株で役員は儲け、従業員は年金を失う

エンロン社の企業犯罪は多岐にわたり、規模も史上最大である。役員たちは、ストック・オプション制度を利用して、多額の自社株を所有していた。これは、役員が報酬の代わりに、時価よりはるかに安く自社株を購入する権利を得る制度である。日本でも一九九七年に導入され、すでに上場会社約八〇〇社が取り入れている。ストック・オ

プションは、経費として計上しないでもよい。したがって、役員報酬を現金で払うのに比べて、決算で利益を大きく見せられる。エンロン社はこれを悪用して、利益の水増しと株価のつり上げをはかってきた。

ところが、二〇〇一年八月の決算書発表の前月になると、デリバティブ取引きに失敗したことが知られ出し、株価が下がり始める。この時点で、創業者でもあるケネス・レイ会長は二三〇〇万ドルの株を売った。彼はすでに前年の一一月から小口に分けて売っており、合計六二万七〇〇〇株を売り抜けたのだ。他の役員もレイに見習い、最高経営責任者二九人による持ち株の売りは総額一一億ドルにものぼった。これは、法律で禁止されているインサイダー取引きにほかならない。そして、それが、株価のさらなる暴落につながっていく。

一方、エンロン社の約二万一〇〇〇人の一般従業員たちは、アメリカ型の年金制度として日本でももてはやされていた「401k（確定拠出型年金）」を通じて自社株に集中投資していた。

通常、企業年金は確定給付型である。この場合、会社が運用の責任を最終的に負い、総資産の一〇%以上を自社株に投資することを禁じている。しかし、401kは従業員個人の自己責任による運用であり、自社株への投資を制限していない。エンロン社のケースでは、半分以上が自社株で占められていた。なぜなら、従業員は他の投資先の情報に乏しいため、分散して株を買えず、必然的に自社株に投資するからだ。企業にとっても、401kに自社株を拠出すれば税控除の対象となり、さらに株価対策にもつながるという利点があった。そのため、ことさ

(2) 二〇〇〇年度の年収は、役員報酬、ボーナス、株を含めて、一億四一六〇万ドル（約一八〇億円）である。

(3) 株価の値動きを事前に知る立場にある者が、それを悪用して利益を得ること。

ら自社株への投資を奨励したのである。

しかも、エンロン社の経営陣が持ち株を売りに出した事実は公表されなかった。従業員は、401kの株の売却を法律によって禁じられていたため、売ることができない。エンロン株は紙くず同然になり、従業員はその損失総額一三億ドルに加えて、退職後の年金の九〇%を失った。

また、エンロン社の破産時、五〇〇人の上級管理職は、総額で五五〇〇万ドルのボーナスを受け取った。だが、一般従業員に対しては、一人あたり四五〇〇ドルの小切手が供与されたにすぎない。

■エネルギー王国の真実

先物取引きを管轄するCFTC(アメリカ連邦商品先物取引き委員会)の委員長を八八~九三年に務めていたウェンディ・グラムは、その地位を利用してエンロン社の思惑に沿った決定を導き出す役割を果たした。CFTCは九三年、エネルギー商品の取引きに関して国による監査を免除するという決定を下したのだ。彼女はその直後に委員長職を辞し、数週間後にエンロンの理事会のメンバーとなり、監査委員になった。彼女は、九三年から二〇〇一年までの間、毎年九一万~一八五万ドルの報酬を受け取っている。

ウェンディの夫である上院議員のフィル・グラムは、政治資金の見返りに、議会内でエンロン社によるエネルギーの先物取引きに関する規制緩和推進キャンペーンを支援(エンロン社はこのロビイングのために、九九〜二〇〇〇年にかけて三四五万ドルを費やしている)。二〇〇〇年一二月、公聴会もなしに、エネルギー商品取引き規制緩和法案(通称グラム法案)を無理やりに議会通過させた。

その結果、エンロン社は何の規制も受けずに電力の競売(エンロン・オンライン)を行えるようになり、瞬く間にカリフォルニア州の電力・天然ガス市場を牛耳るだけのシェアを占めるようになった。だが、グラム法案の内容は、業者が価格と供給を操作する危険があるという理由で、エネルギー商品取引きの規制緩和に強い懸念を示していた、金融市場に関する大統領の諮問機関による勧告と、矛盾している。

グラム法案の通過後カリフォルニア州では、半年間に停電が三八回にものぼった。これは、エンロン社が価格を吊り上げる目的で電力供給を操作したためである。規制を受けないエネルギーの競売によって、エンロン社のエネルギー卸売り業による収入は二〇〇〇年第一四半期の一二〇億ドルから、二〇〇一年の同期には四八〇億ドルと四倍に跳ね上がった(電力価格に対する連邦政府による規制が〇一年六月にかけられ、カリフォルニア州の電力危機は収束した)。

一方、海外への事業展開に関しては、最大級の投資がインド南西部のマハーラシュトラ州に建設したダボール火力発電所である。その建設計画をめぐっては、環境破壊や住民の立ち退きなど人権侵害につながるという理由で反対運動が起き、抗議デモに対して警察が野蛮な弾圧を行っている。エンロン社はこの悪名高いプロジェクトの中心的な出資者であり、同州で電力と天然ガスを供給するダボール電力の株の六五%を所有していた。

その後、電力料金の高さからマハーラシュトラ州の電力庁が支払いを停止するなどの問題が起き、完成間近の第二期工事が停止するなかで、エンロン社が破産したのである。そもそもエンロン社は、事前調査をきちんと行わず、独自の財務基準で高い電力料金を設定しており、事業の進め方が不透明であると批判されている。(4) 結局、インド産業開発銀行やインド州立銀行などがダボール電力に融資した総額一四億ドルは不良債権になった。

さらに、エンロン社はWTOにロビイストを送り込み、交渉中のサービスの貿易に関する一般協定(GATS)に介入している。エンロン社の狙いは、世界中の保健、教育、エネルギー、水、運輸などあらゆる公共サービス部門の規制緩和と民営化にあった。同社は、アメリカのサービス産業連合(UCSI)の監事会社でもあり、UCSIはWTOの貿易ルールを作成している。

■ブッシュ政権を支えたエンロン社

エンロン社のレイ会長は、ブッシュ大統領一族の家族ぐるみの親友だ。父親のジョージ・W・ブッシュは、レイ会長を親しみをこめて「ケニー・ボーイ」と呼んでいたという。エンロン社はブッシュ親子の最大の政治献金者であり、エネルギー政策の最大の立案者であった。

レイ会長とジョージ・ブッシュとの深い関係はエンロン社の設立当時からで、やがて同社は巨大企業に成長し、彼も大統領に昇りつめていく。エンロン社が二〇〇〇年の大統領選挙に二〇〇万ドルを献金した結果、ブッシュは毎日のように、あるときは一時間おきにテレビに出

(4) 詳しくは長瀬理英「未来を先食いする民活インフラ」(藤林泰・長瀬理英編著『ODAをどう変えればいいのか』コモンズ、二〇〇二年)参照。

て、史上最大の選挙キャンペーンを展開できたのだ。レイ会長自身も三二万六〇〇〇ドルの個人献金をブッシュに行ったほか、業務命令で管理職は五〇〇〇ドル、一般従業員は五〇〇ドルの個人寄付を強制したという。同社のカネがなければ、ブッシュは民主党候補アル・ゴアと互角に戦えなかっただろう。さらに、妻名義で大統領就任式の祝い金として一〇万ドルを寄付した。

こうした献金の見返りとしてエンロン社が得たものは、きわめて大きい。

ジョージ・ブッシュは大統領就任とともに、少なくとも二〇人のエンロン社の取締役、顧問、投資家を政権の各種ポストに任命した。たとえば、連邦エネルギー規制委員会のカーティス・ハーバート委員長を更迭。代わりに、レイ会長の親友であり、テキサス州出身のパット・ウッドが任命された。その結果、レイ会長がかねてから要求していた、高圧送電線へのアクセス開放が実現する。

また、ブッシュ政権のエネルギー政策担当は、リチャード・チェイニー副大統領である。レイ会長はチェイニーの国家エネルギー政策開発グループと、二〇〇一年二月から九月までに、六回にわたって会合している。最後の会合は、エンロン社が簿外赤字の存在を公表する六日前であった。

3 ネオリベラルな市場経済の破綻

エンロン社の企業犯罪は、多額の粉飾決算、インサイダー取引き、タックス・ヘイブンへの利益隠し、司法当局の捜査妨害、政治家・官僚の買収、脱税、簿外取引きなど、枚挙にいとまがない。しかし、同社はアメリカが世界に押し付けているコーポレート・ガバナンス（企業統治）の基準、すなわち社外取締役会の設置、独立した監査法人による会計監査、社債格付け機関によるチェックなどを満たしていた。

取締役会はレイ会長と一四人の社外取締役で構成され、投資会社の経営トップ、金融コンサルタント、大学教授が名を連ねている。イギリスの上院議員やブラジルの元銀行役員などの外国人もいた。こうした社外取締役たちは、エンロン社の崩壊につながったパートナーシップの設立を、「内部規定に違反していない」として、承認している。

二〇〇一年八月、会計担当のアンドリュー・ファストウ取締役のもとで働いていた女性がレイ会長に手紙を書き、パートナーシップの危険性や会計処理の不正を告発した。彼女の告発文はエンロン社を調査していた下院の担当官が〇二年一月なかばに発見したが、社外取締役はこの事実を知らなかった。

本来、会社の経営陣とは独立しているはずの社外取締役が、そのチェック機能を果たせなかった理由は、エンロン社が彼らにばらまいた多額のカネのせいだ。たとえば監査委員のウェンディ・グラムについては、夫のフィル・グラム上院議員（前述の法案の提出者）へ毎年一〇万ドル（二〇〇〇年の選挙の際は二六万ドル）の政治献金を行っている。他の取締役に対しても、関係する大学や研究機関に寄付を行ってきた。このように、エンロン社と社外取締役の間には密接な利害関係が存在している。

また、ゴールドマン・サックスなどアメリカの大手証券会社四社は、エンロン社の粉飾決算が暴露された後も、エンロン株の推奨を続けた。ムーディーズなどの社債格付け機関も簿外債務を把握できず、投資不適格としたのは破産の一〜二カ月前にすぎない（監査法人による会計監査の問題については二〇四ページ参照）。

これらは、アメリカモデルのコーポレート・ガバナンスが役に立たなかったことを意味する。エンロン事件は、アメリカモデルのネオリベラルな市場経済の破綻を物語っているのである。

あとがき

私がグローバリゼーションと闘う人びとについて書こうと最初に思ったのは、一九九九年六月だ。ドイツのケルンで行われたG8サミットの会場をジュビリー2000が三万五〇〇〇人の「人間の鎖」で包囲したときに経験した興奮を、伝えたかったからである。

同じ九九年の一一月、アメリカのシアトルで、ネオリベラルなグローバリゼーションに反対する一連の大デモの幕が切って落とされた。残念ながら、私はこれには参加できず。同時期にカリブ海のグレナダ島で開かれた「貿易とジェンダー」をテーマとする国連のセミナーに出席していた。それでも、九九年五月にはじめて購入したパソコンのお陰で、インターネットを通じて、シアトルのデモの模様をあたかもその場に自分がいるかのように知ることができた。第5章で取り上げたなかで私自身が参加したのは、二〇〇〇年九月にプラハで行われたIMF・世銀合同年次総会に反対するデモだけである。それ以外はインターネットの情報によった。

本書の構成は大きく二つに分かれている。第3章までは、IMF・世銀、WTOというグローバリゼーションを推進している機関の実態について歴史的な経緯を含めて紹介した。第4章以降は、グローバリゼーションと闘う人びとの姿をNGOと社会運動の違いを含めて描くとともに、ますます広がりつつある先進国と途上国の格差を解消するための理論と戦略について論じている。

二〇〇三年に入り、最終校正の段階になって、史上最大のイラク反戦デモが地球を席巻した。二月一八日の『ニューヨーク・タイムズ』紙は、このデモを「ブッシュ政権とグローバルな世論という、超大国と超大勢力との対決」と呼んだ。残念ながら、グローバリゼーションとブッシュ大統領によるイラク攻撃、さらにグローバリゼーションとテロリズムの関連については、本書で取り上げていない。原稿の段階では、九・一一事件の真相やオサマ・ビンラディンとは誰かについての章が入っていたが、多くの人びとが手に入れられる価格にしたかったために、割愛せざるを得なかったのである。

九・一一事件、イスラム原理主義、そしてテロリズムについて言えば、私は第一にグローバリゼーションが生み出した醜悪な怪物であると考えている。事実オサマ・ビンラディンは、八〇年代のアフガニスタン戦争時にCIAの対ソ工作のなかから生まれた「英雄」であった。だが、イスラム原理主義者もテロリストも、二四時間テロをしているわけでは決してない。彼らはグローバリゼーションが生み出した貧困層という〝人民の海〟の中にいる。貧困こそテロの温床である。これらについて詳しくは、私のホーム・ページ www.jca.apc.org/~kitazawa/ATOP.htm を見ていただきたい。

最後になったが、編集者の大江正章さんに深くお礼を申しあげたい。大江さんは私の雑な原稿を一字一句チェックしてくださり、読みやすい文章にしてくださった。また、私の若い友人である前田美穂さんにも感謝の言葉を送りたい。彼女はインターネットと英語力を駆使して、すべての注を作成してくださった。

二〇〇三年二月

北沢　洋子

〈著者紹介〉

北沢洋子（きたざわ・ようこ）

1955年　横浜国立大学経済学部卒業。アジア・アフリカ人民連帯機構（エジプト・カイロ）に勤務。

1973年　アジア太平洋資料センターの設立に参加。

1974年　アパルトヘイト問題の現地調査を行い、国連総会で報告。

1990年　草の根援助運動を創設。

1995年　国連社会発展サミット日本代表団にNGOとして加わる。

現　在　国際問題評論家。おもに最貧国の債務帳消し問題に取り組む。

主　著　『私の中のアフリカ』（朝日新聞社、1976年）、『日本企業の海外進出』（日本評論社、1980年）、『顔のない国際機関——IMF・世界銀行』（編著、学陽書房、1995年）。

利潤か人間か

二〇〇三年三月一五日　初版発行
二〇〇七年二月一〇日　2刷発行

著　者　北沢洋子

発行者　大江正章
発行所　コモンズ
東京都新宿区下落合一-五-一〇-一〇〇二
TEL〇三（五三八六）六九七二
FAX〇三（五三八六）六九四五
info@commonsonline.co.jp
http://www.commonsonline.co.jp/
振替〇〇一一〇-五-四〇〇一二〇

印刷・加藤文明社／製本・村上製本
乱丁・落丁はお取り替えいたします。
ISBN 4-906640-61-3 C1030

＊好評の既刊書

徹底解剖100円ショップ 日常化するグローバリゼーション
●アジア太平洋資料センター編 本体1600円＋税

グローバリゼーションと発展途上国
●吾郷健二 本体3500円＋税

徹底検証ニッポンのODA
●村井吉敬編著 本体2300円＋税

ODAをどう変えればいいのか
●藤林泰・長瀬理英編著 本体2000円＋税

カツオとかつお節の同時代史 ヒトは南へ、モノは北へ
●藤林泰・宮内泰介編著 本体2200円＋税

ヤシの実のアジア学
●鶴見良行・宮内泰介編著 本体3200円＋税

アチェの声 戦争・日常・津波
●佐伯奈津子 本体1800円＋税

地球買いモノ白書
●どこからどこへ研究会 本体1300円＋税

歩く学問 ナマコの思想
●鶴見俊輔・池澤夏樹・村井吉敬・内海愛子ほか 本体1400円＋税

安ければ、それでいいのか!?
●山下惣一編著 本体1500円＋税